福澤諭吉

現代語訳

女大学評論 新女大学

加藤紳一郎 訳

名古屋文化学園

はじめに

「天は人の上に人を造らず、人の下に人を造らずと云えり」という言葉はとても有名です。これは福澤諭吉が『学問のすゝめ』初編の冒頭に述べた言葉です。「人は、生まれた時は、皆、平等である」との趣旨です。福澤は続けて「しかし世の中には立派な人もいれば愚かな人もいる。この違いはどこからきているのか。それは学問をしたかどうかの違いなのだ」と述べます。それまで、家老の子は家老、足軽の子は足軽、農民の子は農民と、その出自によってすべてが決まっていた江戸時代の門閥制度。その制度に何の疑問も持っていなかった人たちに「人は出自だけによって決まるものではありませんよ」と説きます。古い制度に縛られていた人たちにとっては目から鱗が落ちるような言葉であったことでしょう。

では、福澤がここでいう「人」とはどのような範囲だったのでしょうか。現代の人たちに問えば「それは老若男女すべての人間を指す」と回答するでしょう。私もその意見に異論はありません。しかし福澤がこの文を書いた明治五（一八七二）年の人たちはどのようにとらえていたのでしょうか。「ここで言う人とは『男性』だけだ」と回答する人が大多数を占めていたことと思われます。福澤自身は「ここでいう人とは男性も女性も両方」と考えていたに違いありませんが、それは当時の人たちには理解不能な考えであったのです。門閥制度でがんじがらめにされていた時代が終わって間もない人々にとって、男性であっても生まれた家柄によって差別される風潮が残る中、女性は人とは認められず、あくまで男性の下、男性に従属すべきものだと考えられていました。

それを象徴するのが江戸時代の儒学者、貝原益軒が書いたとされる『女大学』という書です。ここでいう「大学」とは現代の教育機関としての大学ではなく、四書五経のひとつである「大学」のことを言い「女が守るべき教則本」ほどの意味です。この書はあくまで、男尊女卑、男は偉い、女は男に従え、という、封建的隷従的道徳観で貫かれています。この書には多数の異版が発刊され、中には、附録として、手紙の書き方、季語の選び方、懐紙の折り方などという、確定された事実に基づいた記事も掲載されていたので、当時の女性が『女大学』本論で述べられていることも厳然たる事実で反論の余地はないもの、と考えてしまったのも仕方のないところです。同時に、この書に書かれていることは男性にとって極めて有利なことだったので、男性側としても「ここに書かれていることは正しい」として女性に押しつけていったのです。

福澤はこの考え方に真っ向から反対します。西洋に学び進歩的な考え方を持つ福澤は、男尊女卑の社会に文明は訪れない、との考えの下、日本が文明化していくためには女性の解放が第一義ととらえ、この『女大学』を批判する書『女大学評論』と『新女大学』を著します。明治三十二（一八九九）年のことでした。

訳者の祖母は加藤カツといいます。明治二十九（一八九六）年生まれなのでわずか六年ではありますが福澤と同時代を生きた人です。カツは東京女子師範学校（現お茶の水女子大学）に学び、日本のフレーベルと呼ばれる倉橋惣三の薫陶を受け、幼児教育の道を志すことになります。倉橋は名古屋市教育委員会から幼稚園教員派遣の依頼を受け、カツを名古屋に派遣することとなります。倉橋の指示の下、カツは名古屋市立幼稚園の教員となり、昭和六（一九三一）年からは名古屋市立第一幼稚園園長として幼児教育の最前線に立つことになります。そして、第二次世界大戦終戦の昭和二十（一九四五）年、五十歳の時、女性の教育機関としての名古屋文化女性クラブを設立します。

大戦が終わり、民主主義の新しい時代の到来とともに女性を解放しようとする時流が高まります。時代は女性の参政権を認め、女性を登用する社会が到来しようとしていました。その時流をいち早く感じたカツは二つの理念を持っていました。

「女性は男性の従属物ではない。女性は男性と互して生きていかねばならない」

「そのためには手に職をつけ経済的に自立する必要がある」

これら理念を元に、カツは、名古屋文化女性クラブを教員免許取得の学校へと再編成して、職業としての幼稚園教員を養成していくことになります。

加藤カツの没後、その理念は長男の加藤重也に継がれ、重也没後は私、加藤紳一郎が継いでいます。私は、現在、幼稚園教員・保育士養成校といくつかの幼稚園・保育園・認定こども園を運営しています（二園は海外園）。専門学校では高等学校卒業の女子学生の指導にあたり、幼稚園・保育園・認定こども園では〇歳～五歳のこどもたちと過ごすとともに、二十代から四十代の保護者（母親）と接することが多くあり、その中で女性の地位に大きな関心と不安を持っています。

確かに、今、「男尊女卑」という言葉は死語になりつつあります。若い世代の人たちにはその言葉を知らない人も多くなってきています。それでも女性の地位が完全に保証されているとは言い難いのではないでしょうか。近年でも、医学部受験で女子受験生の得点を減点して女子が入学しにくいように調整していたことが明るみになる等の話もあり、男性と女性の平等という基本中の基本の事柄が完全に達成されているとは言えません。そのような時代に、日本で初めて男性と女性の平等を訴えた福澤の著作を、若い世代の女性たちに示すことは意義のあることではないかと考えるようになりました。ある意味、時代は福澤の思想を超えた部分もありますが、十九世紀に書かれたこれらの著作に二十一世紀に生きる私たちも学ぶべき点があると思います。

『女大学評論』と『新女大学』は、福澤の著作の中では書かれた年代も新しく、『学問のすゝめ』や『文明論之概略』等に比べずっと読みやすいものですが、それでも若い世代にとっては、原文では福澤の思想を正確に読み解くことは困難であると感じます。そのことから、若い世代にとっての、読みやすさ、とっつきやすさを第一義とした訳出に挑戦しました。よって、原文にはない、目次、段落、小見出しが数多くあります。分かりやすさを追求するあまり、訳の正確さを欠く部分や福澤の文章の美しさを伝え切れていない箇所があることは否めません。それでも、少しでも多くの若い世代の女性がこの名著に触れ、男性と女性の新しいあり方が前進していくことを願っています。

加藤紳一郎

＊増刷にあたって、読者からの要望もあり次の項目について書き足します。

題名について

『女大学』は、徹底した男尊女卑思想に貫かれており、福澤はそれを批判する『女大学評論』を著しました。各章では、前段で『女大学』の文章を紹介して、後段で福澤がそれに批判を加えています。そして『女大学』の各章を福澤の思想で新たに書いたのが『新女大学』です。

表紙写真について

万延元（一八六〇）年、福澤は咸臨丸でアメリカ合衆国を訪れます。ある日、街の写真館で写真を撮ろうとして、側にいた少女に「お前さん、一緒に撮ろうではないか」と話しかけ、少女が「いいですよ」と応じて撮ったのがこの写真です。当時の日本では、特別な女性以外が男性に寄り添うことはあってはならないことで、福澤はアメリカの女性の地位の高さとその自立心に驚いたのです。そして、女性の自立がなければ我が国には文明は訪れないと考えました。福澤が日本の文明開化の主役であったことは論をまちませんが、実はこの写真が我が国の文明開化の始まりだったのかもしれません。

現代語訳　女大学評論＊新女大学　目次

はじめに

女大学評論

新女大学

〈**現代語訳にあたって**〉

＊底本には『福澤諭吉著作集　第十巻　日本婦人論　日本男子論』（慶應義塾大学出版会、二〇〇三年）を用いた。

＊現代の読者に馴染みやすいようにするため、原文にはない、章のタイトル、小見出しを現代風に付けた。

＊原文に忠実な現代語訳を心掛けたが、現代ではわかりにくい表現は、適宜、変更した部分もある。

＊若い読者の便宜を図るため、適宜、語注を付した。

女大学評論

一・嫁は義理の両親に絶対服従するの？

女子は成長した後は他人の家に嫁に行き、義理の両親に仕えるのであるから、男子よりも親の教えを軽く扱ってはならない。父母が特別に大切にして気ままに育てれば、夫の家に行って必ず自分の思うままにふるまって、夫に嫌われ、義理の父親の正しい教えを耐えがたく思ってうらむようになり、仲が悪くなってついには追い出されて恥をさらす。女子の父母は自分がきちんと教えなかったことを忘れて、夫やその父親が悪いのだと思うのは誤りである。これは、皆、女子の親が教えなかった結果である。

［評論］

成長して他人の家に行くのは必ずしも女子に限りません。男子も女子と同様に、跡継ぎ以外の次男や三男は養子として他家に行く例があります。人間の世界は男女同数であるので、成長して他人の家に行く者の数も同数とみていいでしょう。男子は分家して一戸の主人となることがあるので女子とは異なる、と言われるかもしれませんが、女子ばかり多く生まれた家では、その内の一人を家に置き、これに婿養子を迎えて本家を相続させ、その他の姉妹にも同様に婿養子を迎えて家を分けることは世間に数多くの例があります。ですから、子どもに対して、親の教えを軽んじてはいけないと言うのは、当然の考えであり、その通りなのですが、「女子は男子よりもきちんとしろ」ということは受け入れられません。

男の子であれば特別扱いをして気ままに育ててもいいのでしょうか。養子先に行って、自分の思うままにふるまって身を持ち崩し、妻に嫌われ、または理由もなく義理の父親をうらんだり悪口を言い、家の中に波風を起こし、ついには離縁されたとしてもその身の恥ではないのでしょうか。そんな理屈に合わないことはありません。女子の身に恥ずかしいことは男子においても恥ずかしいことです。故に、父母が子どもを教育することは大変いいことですし、父母の義務として逃れられない役目ですが、女子に限ってその教訓を重視するというのは、そもそも理論の根拠が誤っています。

父母の教訓は子どもにとって良薬のようなものであり、その教えの趣旨が正しいものであれば、女子のほうを重視することは問題ない、と言う人もいますが、それは大きな誤りです。元来、子どもに教育を授けて完全に養育することは、病人に適量の薬を服用させるようなことです。分量を間違えれば良薬もかえって害となります。ですから、父母がその子を養育するにあたって、たとえ教訓の趣旨は正しいものであっても、女子であることを理由に特に厳しくすることは、同じ症状の患者に対して男女で服薬の分量を変えることと一緒です。女子の方に適切な量であれば、男子の方は薬量の不足を感じて、男子に適切な量が女子には分量が多すぎるのであれば、めまいを起こしてしまいます。女子は男子よりも親の教えを軽んじてはいけない、気ままにふるまってはいけないという教えは、父母たる者が、特に心から女子の言行を戒め、素直な子に導きたいという意味があるのです。元より、素直なことは人間としての美徳ですが、女子に限ってその教訓を軽視してはいけないというのは、女子に限ってその趣旨を厚く教えるという意味です。

すなわち、薬剤にたとえれば、「女子に限って多量に服用させる」という意味ですが、女子がこの多量の教訓に堪えてめまいを起こさないでいられるか心配です。既に、「素直であれ、穏やかであれ」という教えにめまいを起こしているのですから、すべてのことに控え目になってしまい、人生を謳歌（おうか）[*1]する機会を失い、言うべきことを言わず、するべきことをせず、聞くべきことを聞かず、知るべきことを知らないで、遂には男子に侮辱され、なぐさみものにされるということになってしまわないでしょうか。故にこの一章の文意は、一見、美しく見えますが、「特に男子よりも厳しくせよ」と書いて男女を区別していることは、女性にとって謀（はか）られたことで千年の心残りと言ってもいいでしょう。

＊1　思う存分に楽しむ。

二．女は、温和・貞淑（ていしゅく）[*1]・情け深く・静か。それだけでいいの？

女は顔立ちよりも心が優れていることが大切である。気立ての悪い女とは、騒がしく、目つきが悪く、他人に怒ってばかりいて、荒々しく口うるさく、人の話に口を突っ込み、人をうらみ、人をねたみ、自慢ばかりして、悪口を言って人を笑い、自分は他人より優れていると主張する女であり、すべて、女の道を間違えている。女は、温和で、しとやかで、情けが深く、静かなのが良い。

［評論］

冒頭に、「女は顔立ちよりも心が優れていることが大切だ」と言っています。女子の容姿よりも心が優れているのが大切、と書いて、文章に力をつけたのは巧みですが、これは、ただ、文章が上手い人の技にしかすぎません。以下、婦人の悪徳を並べ立てているのは読んで字のごとくまったく「悪徳」の数々です。騒がしくて目つきが悪い等々は、上流の人間にあるまじきことですが、これらは必ずしも女の道として間違っているのではなく、男の道にもそむく[*2]ものです。粗暴な心、目つき悪く、ともすれば他人に向かって怒り、言葉遣いも荒々しく人を非難して、人の上に立とうとして人をうらみ[*3]、人をねたみ[*4]、自慢ばかりして他人を非難して、人に笑われていながら自分では気づかずに得々としているようなことは、実に見下げ果てた挙動であり、男女を問わずこんな不徳は許されません。

人間たるものは、和順（わじゅん）[*5]、貞節（ていせつ）[*6]、人情に深く、心は穏やかであるべきです。誠に申し分のない教訓で、こうありたいものですが、この章においては、特にこのことを婦人だけに当てはめて、「このようなことは女の道を間違えている、女の道はこうあるべきだ」と女ばかりを戒めて、女ばかりに正しい道を勧めているのは理解できません。例えば、妊娠のように女性の天性である問題をとらえて、妊娠中はこのように摂生（せっせい）[*7]するべきと、女子に限った教訓を与えることは妥当なことですが、男女ともに犯してはならない不徳を書き並べて、男女ともに守るべき徳義（とくぎ）[*8]を示しながら、女だけを責めるのはおかしくないですか。

人に噛みついたり家を守らない犬は悪い犬であり能のない犬です。それなのに、これを雌犬だけのこととして、「人に噛みつき家を守らない雌犬は良くない犬だ」と言うのはおかしいですよね。雄犬であれば人に噛みついたり家を守らなくてもいいのでしょうか。議論が不平等ですね。確かに「女大学」の著者は有名な大先生ですが、すべて儒教的な考えから論を立てているので、男尊女卑の悪癖に陥ってしまっています。本当のことを言えば、家を守らず、どうかすると他人を叱り倒して虐待するような悪い習慣は男子の方にこそ多いのですが、この部分を大目に見て、女子だけの不徳をとがめるのは儒教主義の偏った考え方と言うべきです。

＊1　しとやかなこと。

＊2　福澤は本文の中で「背く（そむく）」と「叛く（そむく）」を使い分けています。この言葉は「反抗する」という意味では共通していますが、「背く」は命令や約束に従わない意味であり、「叛く」は上司に対する反逆を意味します。しかし全体としては大きな違いはないので本書では「そむく」と表記しています。

＊3　福澤は本文の中で「恨む（うらむ）」と「怨む（うらむ）」を使い分けています。この言葉は「相手を憎む感情」という点では共通していますが、「怨む」の方が相手に対する憎悪の感情が強く表されています。しかし全体としては大きな違いはないので本書では「うらむ」と表記しています。

＊4　福澤は本文の中で「嫉む（ねたむ）」と「妬む（ねたむ）」を使い分けています。この言葉は「相手に対するうらやましさ」という点では共通していますが、「妬む」は特に恋愛感情におけるうらやましさを強調している言葉です。しかし全体としては大きな違いはないので本書では「ねたむ」と表記しています。

＊5　穏やかでおとなしいこと。

＊6　夫、妻以外の異性に身も心も許さないこと。

＊7　規則正しい生活を心掛けて健康に留意すること。

＊8　人として守るべき道徳上の義務。

三．結婚するまで身を固くしなければならないのは女だけ？

女子は幼い時より男女の別を正しくして決して一緒に遊んではならない。古くからの教えに、男女を同じ席にしない、衣服を同じ場所に置かない、風呂場は別にする、物を受け渡す時も手から手へと直接には渡さない、夜に出歩く時は必ず灯りを持つ、他人だけではなく夫婦兄弟であっても別にすることが正しいとある。最近の家庭はこの法を知らずに行儀を乱して名を汚し、親兄弟に恥を与え、生涯を棒に振る者がある。残念なことではないか。女は父母と媒酌人(ばいしゃくにん)[*1]の指示によってきちんと結婚した後でなければ男子と交わらないとは、「小学(しょうがく)」[*2]にも書いてある。たとえ命を失っても心を固くもってその義を守らなくてはならない。

［評論］

「幼い時より、男女の別を正しくして決して一緒に遊んだりすることがないようにしなさい」とあります。それは、下品でみだらなことはわずかでも目や耳にしてはならないとの意味です。当然の教訓です。それらはすべて家風によるものであり、幼き子の父である家の主人の品行が悪く、家の中に妾（めかけ）を囲ったり芸者遊びに夢中になる、などという乱暴があれば、いかに子どもを教育しようとも、下品の手本を家の中で見聞きすることになるので、千言万語（せんげんばんご）[*3]の教訓は水の泡となります。

また、男女は同席してはならない等々、と古い礼節を示したことは大変結構ですが、今、人間関係の複雑な文明社会では、果たしてこの古い礼節を実行するべきかどうか一考の余地があります。これが、いわゆる言葉のあやであり、値切られることを予想して高目の価格をつけることと同様、「ここまで厳しく戒めておけば少しは注意する者もいるのではないか」という浅はかな教訓であればよいですが、真剣に古い礼節を守らせようとするに及んでは、表面上の儀式のみに留まってしまって、実際にはかえって大きな不都合を生じることがあります。

そもそも男女交際の清濁（せいだく）[*4]はその気品の様子によるものであって、例えば中国流の目で見れば、西洋諸国の紳士淑女が一緒に談笑し、一緒に風呂に入らないまでも食事の時も同席し、物を渡す時も手から手へ直接に渡すだけではなく、その手をお互いに握って挨拶とするようなことは、男女いずれにおいても無礼な野蛮人の振る舞いというべきところですが、さて、実際には、この「野蛮人」は決して野蛮ではなく、大変品行清潔で固い人が多いのはどうしてでしょうか。それは要するに、彼らの「気品」が高尚で、性欲よりも高い位置にあるからだと言わざるを得ません。

かつて東京に一人の教養高い人がいました。西洋文明に親しみ、すべて改新進歩を気取りながら、その実、儒教的な考えで、うわべだけ西洋的な考え方を装っていました。特に道徳においては、常に周公や孔子[*5]を取り上げて、子女の教育に「小学」や「女大学」の主義を唱えていました。家の規則は厳重で、親子が接する場合でも客を迎えるようであり、一度も行儀を乱したこともなく、一見、とても美しいものに見えましたが、気の毒にもこの男は身持ちが悪く、下品なことをやりたい放題、家の中に妾を囲ったり外で売春婦と遊ぶばかりでなく、某地方出身のこの男は、郷里に正当な妻を残したまま、東京に来て第二の妻と結婚もしていました。いわゆる一妻一妾[*6]だけではなく、二妻数妾の滅茶苦茶だったのです。子どもは厳しい父の命令に恐れ入り、何事にも無批判に従うだけであり、この男に心服する人は皆無でありました。時は流れてその子どもたちは「小学」を勉強して親不孝な子となり、「女大学」を暗唱してみだらな女になり、儒教の家庭から獣のような人物が出てきたことは皮肉なことです。ですから、男女交際は外面の儀式的なことよりも本当の中身から出る気品こそが大切なのです。女子の気品を高尚にして名を汚すことのないようにするのであれば、何はさておき、父母が行儀を正しくし、朝夕、子どもに良い手本を示すことが一番大切なことです。

また、結婚には父母の指示や媒酌人の承認が必要だと言います。これももっともなことです。民法親族編（明治三十一（一八九八）年施行）第七七一条に、「子は婚姻を成す時はその家の父母の同意を得ることを要す。但し男は満三十歳、女は満二十五歳に達した後はその限りではない」とあります。

結婚は人間にとって大事なことであるので、父母の許しがなければなりません。しかし、父母の意見だけで子に結婚を強制するのはいけないことです。父母が自分の思惑で無理に娘を嫁入りさせようとして、大きな間違いを起こす話は、よく聞くことです。ですから、男女各々、三十歳、二十五歳以下であっても、父母の命令で結婚を強制してはなりません。また子どもの立場から言えば、たとえ、三十歳、二十五歳以上に達していても、父母が健在であれば、それを打ち明け相談して、同意を得ることが穏やかな方法です。法律はただ極端な場合に備えているだけです。親子の情はこのように水くさいものではありません。くれぐれも心得ておいてください。

さて、結婚した以上、たとえ命を失っても心を強く持って不義(ふぎ)[*7]をしてはならないとは最も良い教訓で、男女ともに守らなければなりませんが、我が国古来の習慣を見ると、一夫多妻の弊害は多く見られますが、一妻多夫の例は稀ですので、心を強く持つことは特に男子の方にこそ望まれることです。それなのに男子のことを無視して女子だけを戒めるというのは、念の入った教訓でありがたいことですが、方向違いというべきものです。

＊1　両家それぞれに結納品を届けて結婚の段取りをつける人。

＊2　中国で宋代に編まれた初級者向け修身教科書。

＊3　非常に多くの言葉。
＊4　善と悪。
＊5　周公は古代中国の周王朝の政治家（の称号）。孔子は古代中国の思想家。儒家の祖。
＊6　妻と愛人をともにもつこと。
＊7　（特に男女間で）人として守るべき道にはずれること。

四．婦人の七去（しちきょ）[＊1]だって。何これ？

婦人は夫の家を我が家とするので中国では嫁入りのことを「帰る」という。たとえ夫の家が貧乏であっても夫をうらんではならない。天から与えられた家の貧しさを自分の運命だと考え、一度、嫁に行ったらその家を出ないことは女の道である。これは古来からの聖人の教えである。女の道にそむいて家を去ることは一生の恥である。婦人には「七去」といって悪事が七つある。

一つ、義理の両親に従わない女は去るべし。

二つ、子どもができない女は去るべし。妻を迎えるのは子孫繁栄のためだからだ。しかし、婦人の心が正しくて行儀が良く嫉妬心がないのであれば、去ることなく養子をもらってもよい。あるいは妾(めかけ)に子どもがある場合は、妻に子どもがいなくても去らなくてもよい。

三つ、淫乱(いんらん)[*2]ならば去る。

四つ、嫉妬心が深ければ去る。

五つ、ハンセン病などの悪い病気があれば去る。

六つ、おしゃべりで慎みなく物を言いすぎると親類とも仲が悪くなり家が乱れるので去るべし。

七つ、盗癖があれば去る。

　この七去はすべて聖人の教えである。女は、一度、嫁に行ってその家を出されたら、たとえ、再び、身分の高い夫と結婚したとしても女の道から外れた大きな恥である。

［評論］

男子が養子に行くのも、女子が嫁入りするのもその事実は少しも異なりません。養子は養家を我が家として嫁は夫の家を我が家とします。それは当然のことです。その家の経済状態、身分、その人の才能の有無、徳の有無、健康状態、その容姿の善し悪しに至るまで、じっくりと吟味することはすべて結婚の約束の前にすることとです。いろいろと手を尽くして吟味に吟味を重ねて、双方ともに、「これで良い」と決断し、いよいよ結婚した上は、家の貧乏を離縁の口実にしてはならないことは、女性だけに求められることではなく男子の守るべき道でもあります。

近年の男子の中にはこの道理を知らない者がいます。幼少の時から他人の家に養われて、衣食はもちろん、学校教育についても、一切万事、養家の世話になり、成長の後にその家の娘と結婚し、養父母はこれで安心だと思っていると、この養子が一人前になって社会に頭角（とうかく）を現す[*3]と同時に、養家が窮屈なのを嫌って離縁復籍を申し出たり、ひどい場合は結婚した妻を振り棄てて実家に帰ったり、独立して思うままに第二の妻を迎え、意気揚々、顔色も変えずにシャアシャアとして恥じることがない者がいます。不義理、不人情、恩を知らない「人非人（にんぴにん）」[*4]ですが、世間ではこの者をとがめる人がいないのが奇怪です。広い世の中にはずいぶんと悪い婦人もいて、その挙動を見聞してこれを嫌う人もいますが、男性と女性を比較する時、人非人の数は男子の方に多いですね。このことから考えると、私は女大学よりむしろ男大学の必要を感じます。

婦人に七去という離縁の理由を記しています。

① 義理の両親に従順でない人は去る、と言います。婦人の性質が粗野で根性が悪く、夫の父母に対して礼儀を欠き不人情であるならば離縁も仕方ないでしょう。

② 子どもができない女は去る、と言います。実に謂（いわ）れもない口実[*5]です。夫婦の間に子どもができない原因が男子にあるのか女子にあるのか、という問題は、生理学、解剖学、精神医学、病理学の問題であって、今日の進歩した医学においてもまだその真実はわかっていません。夫婦が同居していながら子どもがなかった婦人が再縁して子どもを産むこともあります。性欲の強い男子が何人もの妾を囲いながら、ついに子ど

もができなかった例もあります。それらの事実を心得ずに、「この女には子どもができない」と断定するのは、要するに無学の臆測と言うべきものです。

子どもがないという理由で離縁するということであれば、婿養子を迎えてその婦人が子どもを産まないときは、子なき男は去るべしとして、養子を追い出さなければならないことになります。ですから、この一節においては、「女大学」の著者も少しやりすぎだと感じて、最後に書き足して、婦人の心が正しければ子どもがなくても去らなくてもよい、と書いたのは、さすがにこの離縁法が無理であることを自覚したからです。

また、妾に子どもがあれば妻に子どもがなくても去らなくてもよい、とは余計な文句であって、何のために記したのか理解できません。秘かに考えるに、本文の初めに「子どもなき女は去るべし」とまず宣言して、文の最後に至って「妾に子どもがあれば去らなくてもよい」と言うことで、男子に妾を囲う理由を与え、内々に妻に自分自身の地位を保証することで、妾を囲うことに異論を挟ませず、かえってこのことを夫に勧めさせようとするのが真意ではないか、と疑いの目で見てしまいます。また、事実、古来の大名などが妾を囲う時、奥方より勧められる場合もあり、男子が卑劣な行いをしながらその罪を妻と共有するとは陰険なことはなはだしい。「女大学」の毒筆には力があることですね。

③淫乱なれば去るべし、と言います。我が日本国において、昔から今に至るまで、男子と女子とどちらが淫乱でしょうか。現実に淫乱な行為をするのは男子に多いか女子に多いか、考えるまでもなく明白です。男女とも淫乱であれば離縁されてしまうということであれば、男子の離縁の宣告を受ける人数は女子に比べて大変多くなります。しかし、本書では女子の淫乱のみを離縁の理由としています。これもまた方向違いと言うべきでしょう。

④嫉妬心が深ければ去るべし、と言います。これもまた理解できないことです。同居している夫婦で、夫の品行が悪ければそれは妻を虐待しているのと同じことです。生涯を連れ添う、と約束した妻が夫の不品行を責めるのは正当な防御です。誤って責めることもあるでしょう。でも、これをもって嫉妬心が深いと言っていいのでしょうか。これも直接に離縁の理由とすることはできません。

⑤ハンセン病のような悪い病気があれば去るべし、と言います。根拠のないことははなだしい。ハンセン病は伝染性なので神ではない身では時としてかかってしまうこともあります。[*6] それはもとより本人の罪ではありません。それなのに、婦人が不幸にしてそのような悪い病気にかかってしまったことを理由にして離婚の原因とするとはなにごとでしょう。夫にわずかでも人情があれば離縁を考えるのではなく、厚く看護して、たとえ全快できなくても病が軽くなることを祈ることが人間としての道です。

もしも、妻ではなく、逆に夫がハンセン病にかかった場合はどうするのでしょう。妻はこれを見棄ててさっさと家を去るべきなのでしょうか。私は決して同意できません。いや、この本の著者も同意できないかも知れません。「孝婦伝」という本を見ると、ある女は夫に従順であり夫の病気を看護して何十年も務めていると称賛しています。「女大学」の著者も称賛者の一人であることは疑いありません。だとすれば、悪い病気を患った妻は挨拶もなく離縁し、夫が悪い病気の場合は妻に命じて看護させようとするのですか。ますますわかりません。私はその理由をどうしても聞きたいです。

⑥おしゃべりで慎みがない場合は去るべし、と言います。この条は漠然としていてよ

くわかりません。要するに、婦人がおしゃべりであれば自然に親類との付き合いも円滑にいかず、家に波風を起こしてしまうために離縁せよ、との趣旨だと思いますが、おしゃべりと寡黙（かもく）*7の間に一定の標準を定めることは難しいのです。ある人にはおしゃべり、と聞こえても他の人には寡黙と思われる場合もありますし、甲の耳には寡黙と感じられても乙にはおしゃべり、と感じとられることもあります。そもそも仮におしゃべりであったとしても、こんな小さなことを根拠にして簡単に離縁されるとは受け入れることができません。

⑦盗癖がある場合は去るべし、と言います。物を盗むにも軽重があります。ただ、この文章だけをもって離縁の当否を断じるべきではありません。民法の親族編などを参考にして考えるべきです。

以上、①から⑦まで、いろいろとありますが、詰まるところ、婦人の権力を制限してその活動を不自由にし、男子に自由に妻を離縁する権限を与えたものであるという他はありません。それなのに、「女大学」は古来から女子社会の宝書であると崇（あが）めら

[*8]れ、教育によく用いられて女子を戒めるだけではなく、女子がこの教えに従って萎縮すればするほど男子には便利となるので、男子の方がかえってこの「女大学」の趣旨を唱えて、自身のわがままを正当化する者が多いのです。ある地方の女好きの男子が常に不品行を働き、妻の苦情に我慢できなくなり、策を講じて、妻をキリスト教会に入会させたそうです。その目的は、女性の嫉妬心を和らげて自身の獣のような行いを続けよう、との計略でしたが、妻の苦情がなくなることはなかったので失望したとのあきれた話があります。天下の男子で「女大学」の主義を主張する者は好色男子の類が多く、物事を自分の都合のいいように解釈する者なのです。女子はゆめゆめ油断してはなりません。

さて、女大学の離縁法は右に記したとおりですが、民法親族編第八一三条は、夫婦の一方は左記の場合に限り離婚の訴を提起することができると記しています。

一　配偶者が重婚をしたとき。

二　妻が姦通（かんつう）[*9]をしたとき。

三　夫が姦淫罪（強姦）等に因って刑に処せられたとき。

四　配偶者が、偽造、賄賂、猥褻、窃盗、強盗、詐欺、使い込み、盗品売買等の罪あるいは刑法第一七五条や同第二六〇条に掲げたる罪に因って軽罪以上の刑に処せられ又はその他の罪に因って懲役三年以上の刑に処せられたとき。

五　配偶者より同居に堪えない虐待又は重大なる侮辱を受けたとき。

六　配偶者より悪意を以って遺棄（いき）*10されたとき。

七　配偶者の直系尊属（ちょっけいそんぞく）*11より虐待又は重大な侮辱を受けたとき。

八　配偶者が自己の直系尊属を虐待し又は重大な侮辱を加えたとき。

九　配偶者の生死が三年以上明らかでないとき。

十　婿養子縁組の場合において離縁されたとき。又は養子が家女と婚姻した場合において離縁もしくは縁組の取消があったとき。

以上の通り、今日、私たち国民全般が守るべき法律において、離縁を許しているのは以上の十カ条に限られており、その他は、いかなる場合においても双方の相談と合意がなければ離縁することはできないのです。三行半（みくだりはん）[*12]の離縁状などは昔の物語であって、今日は全く別の世界となったと知るべきです。

しかしながら、「女大学」の七去の箇条の中で、第一「義理の両親に従わない」の文字を尊属への虐待や侮辱等の意味と解したのであれば良し、としてもいいのですが、その他の項目は一つとして民法に抵触するものはありません。法律に由らない離縁の方法を世間に公にすることは、人に間違った道を教える恐れがあります。例えば、民衆によるリンチや復讐は法律は許していません。しかし、今、新たに本を書き、「盗賊や乱暴者があればこれを取り押えた上で、打ったり斬ったりして思う存分に懲らしめてよい。親の仇は不倶戴天（ふぐたいてん）[*13]の仇敵なので、政府の手を煩わすことなく、孝行な息子の義務としてこれを討ち取るべきである。曾我五郎と曾我十郎の兄弟こそ千年に一度の誉れであり、末代までの手本である[*14]」などと書き立てて出版したら、きっと発売を禁止されることでしょう。なぜなら、それらの行為は現行法律に違反しているからです。

小説や戯作であれば問題はないでしょうが、家庭の教育書、学校の教科書としては必ず異論があるでしょう。「女大学」は小説ではありません。戯作でもありません。女子教育についての貴重な書として、都会でも田舎でも、今なお崇拝されているものです。それなのに、そのような本に記してあることは明らかに現行の法律に違反するものが多いのです。それが民衆の心に浸透した結果、誤って人を罪人にしてしまうこともあるでしょう。教育家はもちろん政府も注意すべきことです。

*1　夫が妻を離縁できる七つの理由。

*2　みだらな行いをほしいままにして性的に乱れていること。

*3　才能・技量などが周囲の人よりも一段とすぐれること。

*4　人としての道に外れる行いをする者。ひとでなし。「もとより智徳の両者は人間に欠くことのできないものであって、智恵があって道徳の心がない者は獣に等しく、これを人非人といいます。」（福澤諭吉「文明教育論」）

*5　何の根拠も理由もないこと。

*6　今ではハンセン病はほとんど感染しないことがわかっている。

＊7　口数が少ないこと。
＊8　この上ないものとして尊敬されること。
＊9　社会的・道徳的に容認されない不貞行為や性交渉のこと。
＊10　捨ててかえりみないこと。
＊11　父母と同列以上にあたる血族。父母、祖父母、伯叔父母等。
＊12　江戸時代において、離婚に際して夫から妻へ交付される離縁状。三行半に書く慣習が江戸中期以降一般的となったためにこの呼称が生じた。
＊13　同じ天の下には生かしておかないという意味。恨みや憎しみの深いこと。
＊14　曾我兄弟の仇討ちは、建久四（一一九三）年、曾我祐成（すけなり）と曾我時致（ときむね）が父親の仇である工藤祐経を討った事件。

五．自分の親より旦那の親を大切にね。できるかなあ？

女子が自分の家ではひたすら自分の父母に孝行することは当然である。しかし、夫の家に嫁いだ後は、我が親よりもひたすら義理の両親を重んじて厚く愛して敬い、孝を尽くすべきである。自分の親を重んじて義理の親の方を軽く扱ってはならない。義理の両親に朝夕の挨拶を欠いてはならない。義理の両親の世話を怠ってはならない。義理の両親の命令があった時は慎んでこれを行って、決してそむいてはならない。すべてのことは義理の両親に聞いてその教えに従うべきである。義理の両親に憎まれたり悪口を言われても怒ったりうらんではならない。孝行を尽して誠意をもって仕えれば後は必ず仲良くなるものである。

［評論］

女子は自分の家にいる間は父母に孝行を尽くすべきだが、縁あって他家に行ったら実の父母よりも夫の父母である義理の両親の方を親愛し尊敬してひたすら孝行するべきだ、仮にも実の父母の方を重んじて義理の両親を軽んじてはならない、一切万事、義理の両親の言う通りに従わなくてはならない、と言います。このように無造作に書き並べて教えれば訳もないようなことですが、これが人間の天性において、果たしてできることでしょうか。人間の普通の常識、感情において行えることでしょうか。しっかりと考えなければならないところです。実際にできないことを勧め、行われえないことを強制するのは、元々、無理な注文であって、その無理は最後には人に偽りを行わせてしまうのです。

女子は結婚した後は実の父母よりも義理の両親の方を愛するべき、と言っても、義理の両親は夫の父母であって我が父母ではないのに、父母でない者に父母のように接するだけではなく、父母に対するよりもさらに情を深くしてこれを愛しなさい、とは無理ではないでしょうか。例えば若い婦人が出産のとき、その枕元でいろいろなことを指図して世話をしたり看護したりするのは、実の母と義理の母のどちらが産婦にとって安心できるでしょうか。義理の母が薄情な人ではなく、その安産を祈る気持ちは実母と同様であっても、ここのところが肉親とそうでない人との微妙な違いで、実母でなければ産婦を安心させることが難しいのです。

また老人が長く病気をした時、その看病に実の娘と嫁のどちらが良いかと言えば、実子に勝る者はありません。まさしく親子の本来の姿が現れるところであって、その両者の間には遠慮がないのです。「遠慮がない」というのはまさしく親愛の情が細やかであるためです。その愛情は、特に言葉に出さなくても、世のすべての親子にあてはまることです。

単に出産や病気の時だけのことではありません。人の子であれば父母に親しんで父母を慕い、父母にしてみれば子を愛し、子に親しむことは天性の約束事なので、女子が他の家に嫁に行ったとしても、実の父母を次にしてひたすら義理の両親の方を愛し、尊敬して孝行しなさいというのは、実際には不可能なことを強いているものと言えます。義理の両親を尊敬しなさい、と教えることは、もとより目上の人であるので、嫁の身としてその教えに従うことは当然ですが、「親しんだり愛したりしなさい」という部分や、義理の両親を先にして実の父母を後にしなさい、との教えは子の心情としてできないことです。論より証拠、世界中、今も昔もその例がないのはどういうことでしょう。もし、万一にもその例外があるのであれば、何か例外的な事情があるのでしょう。人間としての普通の感覚ほど人に教えるのが難しいものはありません。これは教育家だけの問題ではありません。

元来、尊敬は外面的なものであり親愛は内面的なものです。心の中に親愛の情がなくても外面的に尊敬の礼を表することは簡単なので、義理の両親に対して朝夕の挨拶を欠いてはならないと教えれば、その教えのように振る舞うことも簡単です。勤めるべき仕事を怠ってはならないということであれば、そうすることも簡単です。嫁の役目だと思えばちゃんとしますが、その教訓が厳しくなればなるほど、それを守ることが窮屈になっていき、その分だけ、内実では親愛の情はどんどん冷却してしまい、内は寒くても外は温かいフリをして、ついには水くさい間柄になってしまうのです。要するに、「義理の両親と嫁という、親子ではない者を親子のようにしようとすると失敗しますよ」と言う他はありません。その例は世間にはたくさんあります。

この観点から見ると、「女大学」は人を無理に責めて、かえって人に嘘の行為を行わせ、うわべだけの礼儀で家族団らんを破るものである、と言って差し支えないでしょう。私の所見では、家の中の交わりでは、自分を偽わって、フリをするのではなく自然に従うべきだと思います。嫁の立場からすれば、義理の両親は夫の父母であり自分の父母ではないのですから、ありのままに任せて、尊属の長老として丁重に接することはもとより当然としても、自分の父母同様の親愛の情を持つことができないこともまた当然のこととして、お互い、最初から余計なことを求めるのではなく、自然の成り行きに従って円滑にすることこそが一家の幸福です。

世間には、結婚後、両親と別れて別居する人がいます。非常に人情に通じた処置と言えます。両親とあえて距離をおきながら、離れはしないという方法は、私があくまで賛成するところですが、家の財政状態やその他の事情により別居できない場合は、たとえ同居していても、老夫婦と若夫婦の間はお互いに干渉することなく、各々の自由に任せて自然に従って、双方がともに苦労しないことが生活の極意なのです。

六．えっ！　婦人の主君は夫なの？

婦人には主君がないので夫を主人と思い、これを敬い慎んで従うべきである。主人を軽んじたり見くびってはならない。総じて婦人の道は人に従うことにある。夫に対する顔色や言葉遣いは、礼儀正しく、自分を下におき、素直なものでなければならない。すべてを忍び従順でなければならない。思い上がったり無礼であってはならない。これが女子の第一の務めである。夫の教訓があるならばその命令にそむいてはならない。わからないことは夫に聞いてその指図に従うべきである。夫から質問されたら正しく答えるべきであり、軽々しい返答は無礼なことである。もし夫が立腹して収まらない時はそれを恐れて従わなければならない。夫と争ったり逆らったりしてはならない。女にとって夫は天である。返す返すも夫に逆らって天の罰を受けるようなことがあってはならない。

［評論］

婦人には主君がないと言っています。その「主君」とはそもそも何者なのでしょう。著者は封建時代の人なので、なにごとにおいてもその時代のありさまを見て論じているので、君主と臣下（しんか）*1の主従関係は、藩主と士族との関係ということになるのでしょう。士族である男子には藩の公務がありますが、妻女はただ家の中にいるから婦人に主君なしと言い放っているのでしょうか。だとしたら百姓や町人は男子であっても藩務に関係がないので、男女ともに主君がいない、と言わなければなりません。それは違うでしょう。あるいは百姓が年貢を納め、町人が税金を支払うのは、すなわち、国主のためにすることだから、彼らには主君があると言うのでしょうか。だとしたら、年貢の米や税金は、百姓や町人が男女ともに働いて納めているわけで、この公用を勤めている婦人が主君の家来でも領民でもない、というのは違うのではないでしょうか。詰まるところ、「婦人に主君なし」という意見は、封建時代の流儀より割り出したとしても、でたらめであると言う他はないでしょう。この辺は枝葉末節（しようまっせつ）*2の議論なのでしばらく置きます。

さて、「婦人が夫を軽んじたり見くびってはならない」とは当然のことで、婦人が守るべきことですが、現在の男女の間柄の、はなはだしき弊害を矯正しようとするならば、私は、むしろ、この教訓を借りて、逆に夫の方を戒めたいと思います。「言動が礼儀正しく素直であるべき」という教えは、男子に向かってするのが望ましい。婦人の性質は元から鋭敏であり物に動じてしまうことが男子よりも多く、夫の、無礼、無作法、粗野、暴言はどうかすると家庭の調和を破ることが多いので、これを慎むことは男子の第一の務めです。また、「夫の教訓があるならばその命令にそむいてはならない、わからないことは夫に聞いてその指図に従うべきだ、もし夫が立腹して怒る時はそれを恐れて従わなければならない、夫と争ったり逆らったりしてはならない」と言います。もし夫が智徳のある人で円満に教訓(きょうくん)をするのであればこれに従って、わからないことは質問すべきですが、これは、元来、その人物の大きさによるものです。単に夫というだけで訳もわからない無法なことを指図されて、これに盲従(もうじゅう)*3するのは妻たる者の道ではありません。

ましてや、その夫が激怒して乱暴する時においては特にそうです。妻も一緒に怒って争うのは良いことではありません。これを一時の発作の病と見なし、その時は夫をなだめて後になってから大いに戒めるのはやむを得ない処置ですが、その立腹の是非も問わないで、ただ、恐れて従うべきであるのなら、婦人はただの男子の奴隷であるにすぎません。とてもではないが感心できないだけでなく、最後の「女は夫をもって天とする」云々に至っては、ほとんど評論する言葉もありません。妻が夫を天とするのであれば、夫は妻を神とするべきです。夫にそむいて天罰を受けないように、と言うならば、妻を虐待して神罰を受けないようにしなさい、と私は言いたいのです。

＊1　君主に仕える者。けらい。
＊2　本質からはずれた些末なこと。
＊3　訳もわからずに従うこと。

七．義理のきょうだいも敬わなければならないの？

小舅（こじゅうと）[*1]、小姑（こじゅうとめ）[*2]は夫のきょうだいなので敬わなければならない。夫の親類に悪く言われたり憎まれたりするのは、義理の両親の心にそむくことなので自分のためにならない。親密にしていれば義理の両親の心にも通じる。また相嫁（あいよめ）[*3]とも親密にするべきである。特に夫の兄嫁は厚く敬わなければならない。自分の兄や姉と同じようにするべきである。

［評論］

小舅、小姑に礼を尽くして義理の両親の感情を傷つけず、夫の兄弟の嫁と親密にして、特に夫の兄嫁に厚く接するのは、親類縁者と交際する義務なので、別段、問題ではありませんが、夫の兄と兄嫁は、元来、肉親ではないので、これを自分の実の兄姉と同様にしなさい、ということには承服できません。一通り仲良くして睦まじく綺麗に付き合うのは良いことでしょう。それは私もお薦めするところですが、真実親愛の情を持って肉親と同様に肉親でない人たちに接することができるでしょうか。私は、人間の本性から考えてこれはできないことだと断言します。

＊1　配偶者の兄・弟
＊2　配偶者の姉・妹
＊3　夫の兄弟の嫁

八．へーえ、旦那の浮気には優しい顔で穏やかに対応しなければならないのね？

嫉妬の心は絶対に起こしてはならない。男が淫乱であればそれを忠告すればよろしい。怒ったりうらんだりしてはならない。ねたみが激しい場合、顔色や言葉がすさまじくなってしまい、かえって夫に嫌われて見限られることになる。もし夫に不義や過ちがあるならば、優しい顔で声を穏やかにして忠告すべきである。その忠告を聞かずに夫が怒るようであれば、一旦、止めて、後で夫の心が和らいだ時に、再度、忠告するのが良い。絶対に顔色や声を荒だてて夫に逆らったりそむいたりしてはならない。

［評論］

この一章は嫉妬心を戒めるとの趣旨なので、私はまずその「嫉妬」という文字の意味を明らかにしようと思います。総じて、自分の利害に関係ない他人の行いをうらやましく思い、うらんだり憎らしく思い、ひどい場合は根拠のないことに立腹して他人の不幸を祈り他人を害しようとすること、これを嫉妬と言います。例えば、隣家はよく繁盛して財産も多いのに、自分の家は貧乏の上に不幸ばかりが続いているのは、うらやましいことであり憎らしいことです。その時に隣家の主人がある方角に土蔵を建てて鬼瓦（おにがわら）*1を上げたのは我が家をにらみ倒そうとする意思の現れだ、土蔵が火事にあって焼けてしまえば面白い、いや、人のいない間に火をつけてやろう、などと普通では考えられないことを思って一人でもだえ苦しむようなことは嫉妬のひどい例であり、このような嫉妬心は絶対に起こしてはならない、と私が固く戒めるところです。しかし、本文で言う嫉妬の心とは果たしてこの種の嫉妬なのでしょうか。きちんと吟味しなければなりません。

文中「男が淫乱であればそれを忠告すればよろしい」とあります。だとすれば、夫の淫乱や不品行はすでに明白に実証されており、隣家の金持ちが財産を蓄え土蔵を建築するような、妻の身には何の関係もないことと一緒にしていいのでしょうか。隣家の貧富はもちろん自分の利害に関係ないことですが、夫の淫乱や不品行は直接に妻の権利を侵害することで、同列に論じることはできません。

そもそも夫と妻が一つ家に暮らし、生涯、その伴侶として暮らすということが結婚という契約なのに、その夫婦の一方が契約を無視してあえて淫乱・不品行をほしいままにして他の一方を疎外するようなことは、その人を虐待したり侮辱したりすることであり、約束を破ったという罪は大きいので、被害者である婦人が正々堂々とした議論でその罪を責めるのは契約の権利を守ることなのです。これは嫉妬の痴情[*2]から出たものではありません。ただし、このことを穏やかに上品に議論することは上流社会では自然のことです。私も粗野粗暴は好みではありませんし、女性はそうあるべきですが、実際の不品行の行いは決して許してはなりません。少しも容赦してはなりません。

　このために男子が怒ることがあっても恐れることはありません。心を強くして争うことこそが婦人の本分です。「女大学」の著者はこれらの正論を嫉妬と言うのでしょうか。私はこれを婦人の正当な行為と認め、しっかり気力を保つように勧告します。「女大学」の著者は前節の婦人七去の条項に「女は淫乱であれば去るべし」と記し、婦人が不品行を犯せばその罪で直ちに追放だ、と言いながら、今、ここでは打って変わって、男が同じ罪を犯した時は、婦人は怒りもうらみもせず、顔色や言葉遣いを穏やかにして、その犯罪者に見限られないように注意しろ、と言う。その偏った不公平さにはただ驚くばかりです。要するにこの著者は婚姻契約の重要性を知らず、したがって婦人の権利を知らず、あたかも女性を男子の手中の物として考え、要はただ服従すればよいとしているので、その服従の極みである、男子の獣のような淫乱ぶりをも簡単に見過ごさせようとしています。

そして、婦人の権利を主張する者がいれば、「嫉妬」の二文字を持ち出してこれを威嚇して制止しているのです。たとえて言えば、人に物を盗まれて、証拠が十分であるのに、盗賊を捕まえて取り調べる時に、「貪欲」の二文字を持ち出して、貪欲の心は決して持ってはならない、物を盗む人があったら優しい言葉でそれを止めさせるべきである。怒ったりうらんだりしてはならない。その盗人が物を返さずに怒ることがあったら、しばらく中止した後にまた懇願すればよい、と教えるようなものです。婦人が理由もなく男子の挙動を疑い、根も葉もないことに立腹して平地に波を起こすような軽率なことがあるかもしれません。これがいわゆる嫉妬心ですが、今の男社会の有様では、苦労してそのような小さな挙動を調べる必要もありません。公然の秘密どころか公然たる行為として、醜い姿をさらしている者はたくさんいるのです。

生まれながらのお金持ち、運良く新しい家を興した人、政府の役人、会社の社長、学者も医者も寺の和尚も、衣食が足りた後に次の望みを尋ねれば、一番欲しいのは性欲をほしいままにすることなのです。その方法には表の方法や裏の方法、秘かに行うものも大っぴらに行うものもありますが、いわゆる浮気者は、人目も気にせずに遊郭[*3]に狂い、芸者と遊び、醜態をさらす、人の顔をした獣であり、恥じることを知らないでいる平気な者です。これ以上に醜く念入りで陰気な行為は、召使とか側室[*4]とかいう名目で妾を自分の家の中に囲い、厚かましくも妻と同居させたり、または別宅を設けてこれを養い、一夫数妾などと居直る人もいます。これには獣の行いという言葉以外に適当な語はありません。鶏や豚は、まさに鳥獣なので、雄が複数の雌鶏や雌豚と交尾したところで、どれが妻でどれが妾であるかという区別もなく、またその間に嫉妬心もなく権利の衝突もないでしょう。しかし、万物の霊である人間はそうはいきません。人道の基本として夫婦間の婚姻を契約した婦人が、配偶者の狂乱や約束の反故を見て不平がないはずがありません。その不平の気持ちを明らかにして約束を反故にした人の非を改めさせるのは婦人の権利です。みだりに嫉妬という文字を濫用して言葉巧みにこれを説明し、またしても例の婦人の嫉妬などと言って世間をごまかそうとしても、人としての権利は、到底無視できないものです。

それにもかかわらず、男尊女卑の習慣は昔からあり、その習慣は人々の中に浸透しているので、現代の婦人の中にも、自分の権利を忘れて屈辱に甘んじて自分で苦しむ人が多いのは憐れなことです。そうなってしまう理由はどこにあるのでしょうか。幼少の時から家庭の教訓によって、また世間一般の習慣におされて、次第に萎縮し、「男子の不品行をとがめるのは嫉妬である、嫉妬は婦人の慎むべき悪徳なので、これを口にしたり表情に現すことは恥辱である」と信じて、そのために他の狂乱を許すことになり、次第に男子を増長させたことが原因です。

要するに、婦人が婚姻の契約をなおざりにして、自らその権利を捨てて憂鬱になり、悪しき習慣に苦しんでいると言うべきでしょう。単に自分自身が不利になるだけでなく、男子の醜い行為から生じる直接間接の影響は、ひいては子孫の不幸を作りだし、一家滅亡の災いの元ともなるのです。一家の主婦として責任ある者は、自分自身のため、家のために、あくまで権利を主張して、配偶者の乱暴狼藉*5を制止しなければなりません。これが私たちが勧告するところです。

あるいは、ここで論じられていることは道理だが、一方から見ると、今日の女権の拡張は社会の秩序を乱しているように見えるので、すぐに賛成は得られないのではないか、と躊躇する人もいるかもしれません。しかし、その時代の悪い習慣を正していくためには多少の混乱は仕方のないことです。もしその混乱を懸念するのであれば、黙って従来の習慣の中にいるしかないでしょう。

三十年前の明治維新は、徳川政府の門閥制度(もんばつせいど)*6や圧制を嫌ってその悪弊(あくへい)*7を直そうとして、天下に大混乱を起こし、その結果、めでたく新しい日本にすることができました。当時、もし社会の秩序が乱れることを躊躇したのであれば、私たち日本国民は今日、なお門閥制度の下にうずくまっていなければならなかったでしょう。だとすれば、今、婦人が適切な権利を主張して男女対等の秩序を成立させることは、旧幕府の門閥制度を廃して立憲政治による明治政府をつくるのと同じことです。政治においてはそのような大事を断行しながら、なぜ男女関係においてはこれを断行しないのか、私はその理由を理解するのに苦しみます。まして男女関係についてはすでに法律で定められており、婚姻等の秩序は民法に明文化されているのです。この上は、女子社会が奮発して勉強し、文明学士の応援を得て、正しい道を進むのみです。これは新しい発明や新しい工夫ではありません。成功の時期はすでに熟しています。

＊1　日本建築の棟の端に設置される厄除けと装飾を目的とした役瓦。

＊2　理性を失ったおろかな心。

＊3　性風俗の店の集まった場所。治安を守り風紀を統制するために郭（塀）で囲った。

＊4　一夫多妻制の中、上流社会で本妻以外の公的に認められていた妾にあたる女性。

＊5　理由なく暴れたり無法な行為をはたらくこと。

＊6　本人の実力ではなく家の格式によって登用される制度。福澤は「私のために門閥制度は親の仇でござる」（『福翁自伝』）と述べ、封建の門閥制度に憤っています。

＊7　弊害を伴う悪習。

九．女は黙って静かにしていればいいの？

言葉を慎んで静かにしていなければならない。仮にも人の悪口を言ったり嘘を言ってはならない。他人が悪口を言っているのを聞いた時は、それを心の内に収めて他人に伝えてはならない。悪口を伝えるようであれば親類との仲も悪くなり、家の中が治まらない。

［評論］

「言葉を慎んで多くを語らない」とは、寡黙(かもく)*1を守れとの意味ですね。諺に「言葉が多い者は品位がない」と言い、西洋にも「空樽を叩くと大きな音がする」という言葉があります。愚かな人ほど多く喋るものです。まして婦人は静かで奥ゆかしいのがよろしい。いわゆる「おてんば*2」は私の最も軽蔑するところですが、ただ一概に「寡黙を守れ」とだけ教えるのであれば弊害があります。ある程度の年齢に達した婦人が他人と話す時に、用件はともかく、時候の挨拶さえはっきりとせず、低い声でぶつぶつ言って人を困らせることは珍しいことではありません。ことに病気の時など、医者に対して自分の症状を述べることができず、医者の質問に対しても恥ずかしがって恐る恐る話すもので、病気の進行や発作の前後を混同して、寒い、暑い、痛い、痒い、の状態をはっきりと言うことができず、むやみと診察時間が長くなったり、あまりに要領を得ないので医者が処方に困ることがあると言います。言葉を慎み寡黙を守るというものの、その寡黙に慣れてしまうと、人生に必要な弁舌（べんぜつ）*3の能力を枯らして、実際の生活に差し障りが生じるようになってしまいます。私も、あえて多弁を好むわけではありませんが、ただ、婦人を黙らせてしまえば事足りるとは思いません。

昔、大名の奥で働いている婦人は手紙も見事に書き、弁舌も爽やかで、しかもその立ち振る舞いが粗野でないことはよく知られています。これは参考にする価値があります。現代の女子教育においては純然たる昔の御殿風ではいけないのは言うまでもないことですが、幼少の頃から、文字の習得や手紙の書き方の練習はもちろんのこと、一切の教育法を文明の進歩の方に仕向けて、物理、地理、歴史等の概略を学び、また家の事情が許す限り外国語も勉強して、一通りは内外の時勢に通じて、学者の話を聞いてもその意味を理解でき、自ら話をしても、その意味の深い浅いは別にして、言うことが首尾一貫していて他人に笑われることのないようにするくらいの心掛けは、婦人にも必要なことです。それなのにこの「女大学」では、全編のどこにも女子教育の必要性について書いていないことは遺憾なことです。また、本章の中の「人の悪口を言ったり嘘を言ってはなりません、人の悪口を他人に伝えてはなりません」ということは、当然のことで、婦人に限らず男子でも注意するべきことなので評論を省きます。

＊1　口数の少ないこと。

＊2　恥じらい、慎み、しとやか等の女性らしさに欠け、いつも活発に振る舞っている娘。オランダ語の ontembaar（手に負えない）が語源との説あり。

＊3　ものの言い方。

十．朝は早起き、夜は遅く寝て、昼寝はダメ。いつ寝ればいいの？

女は常に心遣いをしてその身を固く慎み守らなければならない。朝は早く起き、夜は遅く寝る。昼寝などはせずに家の中のことに心を配り、裁縫や機織(はたお)り[*1]を怠ってはならない。また茶や酒を多く飲んではならない。歌舞伎、小唄(こうた)[*2]、浄瑠璃(じょうるり)[*3]などのみだらなことを見聞きしてはならない。神社や寺など人が多く集まるところには四十歳まではあまり行ってはならない。

［評論］

婦人が家の中を治めて家事をしっかりと行い、裁縫や機織りを怠ってはならないとはもっともな教訓で、これらは婦人がやるべき仕事です。西洋の婦人の中には衣服の裁縫の仕方を知らない人が多いのです。この点において、私は日本婦人の習慣を貴ぶ者であり、世の中がいかに文明開化しようと、家の財産がどれだけ増えようと、針と糸を使うことは婦人のために必要であり、高尚な技として怠ってはならないことです。また茶や酒を多く飲んではならないといいますが、茶も過度に飲めば健康に害があり、もちろん酒の飲み過ぎは男女ともに慎むべきことです。

　これらのことは本文の通りで異議はありませんが、歌舞伎、小唄、浄瑠璃を見たり聴いたりしてはならない、神社やお寺に行くことも遠慮すべきだ、とはどういうことでしょうか。おかしなことです。そもそも苦しいことも楽しいこともあるのが人生なので、苦労があれば同時に歓楽があるのです。苦楽を平均して、よく務めてよく楽しみ、それをもって人生とすることは著者も許すところでしょう。だとすれば、夫婦が一緒に暮らすということは、すなわち苦楽を共にするという契約であるはずです。一家が貧しくて衣食住に不自由するようであれば、歌舞伎や音楽などに手が回らず夫婦が苦労して生計を立てようと必死でしょうが、努力の甲斐あって多少の財を成した後には、日頃の苦労の気晴らしに夫婦は連れ添い、子どもも一緒に物見遊山（ものみゆさん）[*4]することは問題ありません。これもまた著者は許さなければならないでしょう。すなわち、よく務めよく楽しめ、とはこのことです。

それなのに、本書では、歌舞伎云々以下は、家の貧富に関係なく、ただ婦人は芝居見物をしてはならない、音楽を聴いてもいけない、四十歳になるまでは神社やお寺の参詣も控えろと、婦人には厳しく禁じながら、暗に男子には自由を与えているかのようです。だとすれば、人生の苦楽を半分にして、その一方の歓楽は男子が独占して、女子には、生涯、苦労だけを負わせようとするのでしょうか。無理無法もはなはだしいと言わなければなりません。

実際の社会を見ても、婦人は内を治め男子は外で務める、と言います。その内と外の区別を濫用して、男子が戸外に奔走するのは、実業や社会交際のためだけではなく、その交際を名目にして酒を飲み、女遊びに戯れる者が多いのです。身分の高い紳士と称する俗人が、何々の集会だの宴会だのと言って集まるのは、果たして実際の仕事、本当に交際のために必要なことなのでしょうか。十中八九は会議のために会う訳ではなく、会議の名を借りて集まるものです。交際のために酒を飲むのではなく飲むために交際するのです。その飲食をして遊んでいる男子が家を出て外にいる時間は、醜い遊びばかりです。芸者と一緒に歌舞伎を見たり、小唄や浄瑠璃を聴いたり、酔ったあげくに花札[5]に興じたり、などと乱れに乱れているのに、家にいる婦人は「女大学」の教えの中に閉じこもって一人静かに留守を守らなければならないのであれば、男子は安心してますます遊びの佳境に入っていきます。

だとすれば、著者が特に婦人を戒めて浮かれたことを見聞きしてはならない、と禁じたこの教訓は、男子が無遠慮に浮かれ遊ぶ自由を獲得させたに過ぎません。これでは、婦人を家に幽閉して男子は外で自由気ままに行動させることになり、そういった一家の害を止めるのではなく、むしろそれをそそのかすようなものです。そればかりでなく、このような不品行にしてずる賢い奴らは、自分の獣のような行いを勝手にしようとするため、さすがに奥さんの不平に気を遣って策を案じ、しきりに歓心を買い、ご機嫌をとろうとして、好きなように衣服を買い与え、芝居見物、温泉旅行、季節の行楽と、すべてを婦人の希望通りにしてあげるのです。そうすると、俗に言う、「お人好しの奥さん」は、自分の安楽を喜び、世間の贅沢な付き合いに浮かれて、家の中のことを放置して子どもの教育さえ忘れると同時に、夫の不義不品行をも忘れて平気になってしまう人もいます。正に、これこそが好色男子の思うツボで、はなはだしい場合は妻と妾が一家に同居して、たとえ表面だけでも妻が妾と親しんでいるようなフリをして、妻も子を産み、妾も子を産み、双方の仲がとても睦まじいというようなおかしな話もあるのです。獣の世界のような奇怪さがいよいよ激しくなっていると言えるでしょう。

今年の春、あるアメリカの貴婦人が来日され、我が国の習俗を見聞きする中で、妻と妾が同居するという話を聞いて、最初は嘘だと疑っていたが、ついにその事実を知ってこのように述べました。「私はこのことが事実であることを知りましたが、アメリカに帰国してこのことを友人の婦人たちに語ったところでこれを信じる者はいなくて、かえって私が嘘の報告を伝えていると見なされて、他の報告まで信用を失ってしまう。日本の婦人は実に生き甲斐のない人であり、気の毒な憐れむべき人です。我々アメリカの婦人は一瞬たりともこのような境遇に甘んじることはありません。死を決してでも争わなければなりません。日本とアメリカは国は違っても女性同士は友人であり姉妹です。我々は日本の姉妹のためにこの怪事を打破して、悪魔を退治する方法を工夫しなければなりません」と、非常に憤慨して涙を拭きながら語っていたことがあります。

私はその話を聞いて他人事とは思えず、新日本の一大汚点を指摘されて深く恥じて、まるで街中で鞭に打たれるような思いでした。条約の改正や外国人の居留地撤廃（きょりゅうちてっぱい）*6も数カ月後に控えながら、この問題を放置したまま国の体面を維持しようとする、その厚顔（こうがん）*7ぶりは驚くべきものです。そもそも東洋においても西洋においても同じ人間の世界なのに、このように男女の関係が異なっていて、その極端な例として、日本では青天白日の下に妾を囲い、妻と妾が同居することに慣れて親しんでいることがあげられます。要するに、その親愛は虚偽であって、男子が信じられない獣のような行いをしているのに、婦人はそれを極限まで耐えて忍んでいるのは、大昔の乱暴な時代の遺物であり、ことに「女大学」の教訓が最大限に発揮されたものに他なりません。

すなわち婦人が自分の結婚契約の権利を忘れて、どんなことがあっても夫の意に逆らってはならない、夫の醜い行いをとがめるのは嫉妬であると信じて、すべてのことを黙って不問にするだけではなく、当の敵（かたき）である加害者の悪事をかばって、それを自ら婦人の美徳と考えるようなことは、文明の世において権利がどういうものかを心得ていないと言うべきです。夫婦が同居し、夫が妻を扶養することは当然の義務なのに、その妻がちょっとした贅沢品を与えられて自分自身の大切な本来の権利を放棄しようとすること、これが愚でなければ何でしょう。

故に夫婦が苦楽を共にするということを、決していい加減にしてはなりません。苦しい時も楽しいことも、それを隠して共有しない者は、夫であって夫ではなく、妻であって妻でありません。このようなことが発覚したら、あくまで議論して争い、時にはそのために周囲の人たちを驚かすことがあっても気にしなくてもよいのです。

＊1　糸を織って布を作ること。

＊2　江戸時代末期に誕生した、粋と色気をテーマとする俗な三味線音楽。

＊3　三味線を伴奏楽器とする語り物音楽。

＊4　気晴らしにいろいろなところに見物や遊びに行くこと。

＊5　日本カルタの一種。十六世紀末にポルトガルから伝わったトランプが起源。一八一六年以降は禁止されていたが明治十九（一八八六）年に解禁となっている。

＊6　安政五（一八五八）年の安政の五カ国条約により、政府が外国人の居留及び交易の場所として定めた地域を「外国人居留地」と言う。一連の不平等条約の改正交渉による日英通商航海条約の実施にともない、明治三十二（一八九九）年に撤廃された。

＊7　恥知らずでずうずうしいこと。

十一．迷信に惑わされるのは女子が多いのはどうして？

巫女（みこ）＊1や巫（かんなぎ）＊2などに迷って神仏を汚し近づいて、みだりに祈ってはならない。人がよく勤めている時は祈らなくても神仏が守ってくれる。

［評論］

巫女などに迷って神仏を汚し、みだりに祈ってはならない、とは私も同感です。およそれらの迷信は学問がないことから起ることなので、今日、男子と女子を比較していずれがこれに迷う者が多いかと尋ねて、女子に多いのであれば、それはすなわち女子に教育の機会が少ないためです。故に私は単に迷信を信じるのをとがめるのではなく、その原因を取り除くために、文明の教育を勧めているのです。

＊1　神社に仕える女性。
＊2　神の意思を世俗の人々に伝える人。

十二．倹約は大事だけどそれだけでいいの？

人の妻となったらよくその家を保つべきだ。妻の行いが悪く道を外れていれば家が傾く。万事倹約して浪費をしてはならない。衣服や食事についても身分に応じたものにして贅沢にしてはならない。

［評論］

人の妻たる者は、よくその家を保ち、万事に倹約して浪費をしてはならない、衣服や飲食も身のほどに応じて贅沢にしてはならない、と言います。婦人が家にいる心得として大変正しいことです。大いに賛成するところですが、私は一歩進めて、婦人に経済や会計のことについて教えることが望ましいと思います。一家の経済はすべて夫の自由に任せて妻は何も知らず、ただ夫から与えられた金を受け取り、これを日々の費用として支払うのみで、その金は自分の家の金か、借用した金か、借用したのであればどのようにして誰から借りたのか、返済の方法はどのようになっているのか、などのことは一切知らず、夫婦が同居して家の半分を支配する主婦の身であるのに、自分の家の貧富さえ知らない人がいます。不当なことです。

日本の女子に権力がない原因はいろいろですが、女子が家にいる時、父母の教育が良くなく、手習いや芸事などは稽古させても、経済のことを教えることも、言い聞かせることもせず、わざとそれを知らせないように育てている。その結果が、女子を経済に疎(うと)く*1、生涯、夢の中にいるような不幸に陥れていると言えるでしょう。

現代の人と人との交流が盛んな世の中で一家を保っていこうとするならば、たとえ、すぐに家業の経営の任務にあたる訳ではなくても、生計を立てる方法の大体の部分を心得て、家計の方針を明らかにして、そのありのままの姿を知ることは、家の貧富や貴賤を問わず、婦人にとって必要なことだと知らなくてはなりません。このためには娘の時から「読み書き算盤」の稽古はもちろんのこと、経済学の概略を学び、法律も一通り人の話を聞いて理解するくらいの嗜(たしな)み*2がなくてはいけません。芸事や国語や短歌などの勉強が女子の唯一の教育だと考えるのは大きな間違いです。

私は以前から、男子の心は元禄時代の武士のように、その芸能は小役人程度のものであるべきと言っています。今、この言い方に倣(なら)って*3女子に向かって所望するのは、立ち振る舞いが高尚で優美であり、多芸なことはお城に勤める女中のようであり、無邪気に談笑したり遊戯するのは子どものようであり、常に物の理(ことわり)を考え、常に経済や法律の要点を忘れず、これを深く心に収めて随時活用して、一挙一動(いっきょいちどう)*4、話し方においても活発であると同時に低俗にならないようにして、はじめて賢婦人と言われる、ということです。前述の婦人の心得としての経済や法律云々という話も、いわゆる銀行家や弁護士のようになれ、とこれを婦人に勧めるものではありません。昔の婦人が九寸五分（約二九センチ）の懐剣（ふところがたな）[*5]を胸に忍ばせておいたのと同様、自衛のための心掛けと考えるべきだということです。

＊1　わかっていない様。
＊2　物事に対する心得。
＊3　手本にして真似ること。
＊4　一つ一つの動作。
＊5　護身用の小さな刀。

十三．親類も友人も召使いも。ともかく男に近づいてはいけないのね？

若い時は、夫の親類、友人、召使い等の若い男には打ちとけて話したり近づいたりしてはならない。男女の隔（へだ）たり[*1]を固くするべきである。いかなる用があっても若い男に手紙を送ってはならない。

［評論］

若い時は夫の親類や友人等に打ちとけて話してはならない、いかなる必要があっても若い男に手紙を送ってはならないとは、（不貞の）嫌疑を避けるという意味でしょうが、婦人の心が高尚であれば、形式上の嫌疑を恐れることはありません。私はこのような田舎っぽい外面を装うより、婦人の思想を高いところに導き、男女が交わって自由に遊んだり談笑しても、疑われるようなことが行われないことを願う者です。

教育の必要もここにあると知るべきです。籠の中に鳥を入れ、「この鳥は逃げ出さない」と喜ぶ人があっても感心することではありません。私はこの鳥を野放しにしても無事であることを楽しむ者です。今の世間では実際に女子の身持ちが悪く恥をさらす者がいると、よく聞きます。このようなことが起こってしまう原因は、父母や夫がその女子を深く家の中に閉じ込めておかなかったのが原因だ、と言われますが、必ずしもそうではありません。元来、品行の正邪（せいじゃ）*2は本人の性質や時の事情や教育の方法に原因がありますが、特に不正に導くのは家風にある、と断言していいでしょう。

幼少の時から、乱れた家風の中で育ち、厳しい父はただ厳しいだけでよく人を叱りながら、自分自身は醜い行いばかりをして、はなはだしい時は、腹違いの子女が一家の中で暮らし、朝夕、その父と何人かの母の言動を見ていれば、父母が行っていることは子どもの目にはそれほど醜いこととは見えません。娘時代にすでにこのようなことで、嫁に行った先の夫がまた身持ちの悪い乱暴者であれば、醜い世界から出て別の醜い世界に入るようなもので、本人の天性が特別に堅固なものでなければ、間違いが起きても不思議ではありません。

世間に言う「浮気妻」の多くは、このような醜い世界に出入りして醜い風に揉まれた者で、間違いはもとより賤(いや)しむ[*3]べきですが、これを育てたのは家風にあると言わざるを得ません。清浄無垢(せいじょうむく)[*4]な家に生まれて、清浄無垢な父母に育てられ、大人になって清浄無垢な男子と結婚した婦人が、不品行を犯したという事実はほとんどありません。だとすれば、一家の妻の品行を良くしようとするなら、主人自らがその身を正しくして家風を美しくすればよいのです。籠の鳥の計略は私の感心しないところです。

また婦人は若い男子と文通してはならないと言いますが、でたらめもはなはだしい。人との交流が盛んな文明社会において、文通を禁じられては用が足せません。夫が多忙であればこれに代わって手紙をやり取りする必要があります。特に夫が病気の時など医師に容体を知らせて来診をお願いして薬を入手することは妻の義務です。それなのに、いかなる用事があっても手紙を書いてはならないとは、私はこれを女子の教訓とは認めず、天下の奇談(きだん)[*5]として笑い飛ばすだけです。

＊1　間隔。

＊2　正しいことと不正なこと。

＊3　いやしいものとして見下す。
＊4　清らかで汚れがなく純粋なこと。
＊5　奇怪な話。

十四．質素で目立たないものを着ていればいいのね？

身の回りの飾りも衣装の染色や模様も目立たないようにするべきである。自身も衣服も穢れ（けが）[＊1]がなく清潔なのが良い。逆に際立って清らかさを尽くして目立つものは良くない。ただ身分に応じたものを用いるのが良い。

［評論］
身の回りの飾りも衣装の染色や模様も目立たないようにして、身のほどに応じたも

のにしなさい、と言います。質素にして家の貧富に合わせなさいという意味です。私もこれは同意するところですが、衣装は婦人が最も重視するものなので、ひたすら質素にしなさいと命令すべきではありません。男子は婦人の心を知らず若い婦人の悦（よろこ）ぶ[*2]ことは老人の目にはわからないものです。故に全体の趣旨を質素と定めれば、実際の染織や模様などは本人の希望に任せればよいのです。田舎の婦人が衣装に大金を使いながら、染織や模様の取り合わせを知らず、出費の割には引き立たない、と都会の人に笑われることが多いのです。これらはすべてデザインに関することなので、万事を質素にするという教えは教えとして、その質素の中にも婦人が装いを工夫するには、貧富にかかわらず美的なセンスが大切である、との言葉を付け加えたいものです。

＊1　汚れ。
＊2　嬉しいと思うこと。

十五．夫の許可がないとどこにも出かけられないの？

自分の里にばかり心を配り、夫の方の親類を後回しにするべからず。正月や節句などでも、まず夫の方の勤めをして次に自分の里の方に勤めるべきである。夫の許可なくどこにも出かけないこと。個人的に贈り物をしないこと。

［評論］

自分の里の親の方に勤めて夫の方を後回しにしてはならない、正月や節句などにも云々とありますが、これは前にも言った通り、表面上の儀式としては行われるべきものですが、人情のあるべき姿ではありません。また夫の許可なくどこにも出掛けてはいけないとは何事でしょう。婦人の外出について、都合を夫に相談するのは当然ですが、婦人の身にも戸外での用事があるのに、それについても夫の許可を得なければ外出してはならないと言うのでしょうか。これでは一家の主婦は監獄の囚人と変わりありません。また個人的に贈り物をしてはならないと言います。家事を司る婦人には自分で財産を使用する権利があり、一品なりとも自由にしてはならないとは、妻は家の女中と言うに等しい。すべて私が反対するところです。

十六．他の家に遊びに行ってもいけないし実家に帰ってもいけないの？

女は自分の里を継ぐ訳ではなく義理の両親の跡を継ぐものなので、自分の親よりも義理の両親を大切に思い孝行すること。嫁に行った後は実家に行くことも稀にしなさい。まして他の家へは基本的には使いを出して連絡すること。また実家の良さを誇ったり褒めたりしないこと。

［評論］

女は自分の親の家を継がず義理の両親の跡を継ぐ等々と言っていますが、これも前に言った通り、婿養子をもらった家の娘は実家を継ぎます。他の家に嫁に行って義理の両親の跡を継ぐ者もあれば、生まれた家にずっといて父母の跡を継ぐ者もいます。そこに気付かないのは著者の手落ちですね。

それはさておき、自分の親よりも義理の両親を大切に思い孝行しなければならない、とは人情としてできないことです。無理にこれを強いれば虚偽となります。教育家の注意するべきところです。また嫁に行った後は実家に行くことは稀にしろ、まして他の家には自ら行くのではなく使いをもって連絡しろ、と言います。これも無用な注意ですね。女子が結婚した後はその家事に忙しく、ことに子どもが生まれたら外出は自然に億劫（おっくう）[*1]になりますが、父母を親しみ慕うのは人間の情であり、決して悪いことではないので、家事の都合次第では、できれば忘れないようにいつも実家を訪ねて両親の機嫌を伺い、共に食事をして楽しむべきでしょう。

他人と付き合うのもこの通りで、まず我が家を大事に治めて、時間のある時には自らその家を訪ねて訪問や連絡が自由であるべきです。他の家に嫁に行くことは牢屋に入ることではないので、遠慮することはありません。また実家のことを誇ったり褒めてはならない、とは念入りな注意ですね。いたずらに身内のことを吹聴するのは、婦人に限らず誰もが慎むべきことです。

＊1　気乗りがせず面倒なこと。

十七．私は下男・下女と一緒なの？

下男や下女を多く使うのであっても、すべてのことを自ら苦労して勤めることが女の作法である。義理の両親のために衣服を縫い食事を作り、夫に仕えて衣服をたたみ敷物を掃き、子どもを育てて、その身体を清潔に保ち、常に家の中にいてみだりに外に出てはならない。

［評論］

下男や下女を多く使っていても、婦人はすべてのことに自ら勤めて、義理の両親のために衣服を縫い、食事を作り、夫に仕えて衣服をたたみ、敷物を掃き、子どもを育てて、身体を清潔に保ち、常に家の中にいてみだりに外に出てはならない、と言います。婦人は本当に多忙ですね（笑）。果たして一人の力でできることかできないことか。それはさておき、とにかく家を治める婦人の心掛けとしては大変よろしい。身体の許す限り勤めるべきですが、本文の耳障りな部分は、夫に「仕えて」という、その「仕」の文字です。元来、仕えるとは、主君と臣下など、身分に上下がある場合に、目下の者が目上の者に接する場合に用いる文字です。

だとすれば、「妻が夫に仕える」ということは、その夫婦の関係は主君と臣下に等しく、あからさまに妻も一種の下女であるとの意味になります。これは私が断じて許さないところです。現代の日本の習慣では、役人も商売人も戸外のすべての活動は男子が行っており、家の中の活動は妻の職分です。衣服や食事を整え、家を清潔に保ち、また子どもを養育するなどのことはすべて生活の大事なことで、これを男子の戸外での業務と比較して難易、軽重の違いはありません。故に、この家の中で活動することが、妻が夫に仕える作法だと言うのであれば、夫が戸外の活動に勤めるのは、夫が妻に仕えている作法だ、と言わざるを得ません。男女が結婚して一つの家に同居し、内外を区分して各々がその半分を負担して、苦楽を共にして心身を使って働くのは全く同じことなのに、どうしてこれを主君と臣下のように言うのでしょうか。滑稽もはなはだしい。

あるいは、戸外の業務は家の中のことに比べて心労が大きく、その業績もまた大きい、などと言うかもしれませんが、夫が病気になった時に看病する妻の心配や苦労は果たして小さいものでしょうか。十カ月の妊娠期間の苦しみを経て出産し、夏の日も冬の夜も、寝食の時間もなく子を育てるその心労は小さいものでしょうか。子どもに夏冬の衣服を着せ、正しい食事を与え、言葉を教え、行儀を仕込み、怪我もさせないように心を配り、ようやく成人させるその業績は果たして小さいものでしょうか。要するに、夫婦の功労に大小軽重の区別がないのは事実で、これを争うことはできません。

これを政治にたとえて言えば、妻が家事を治めるのは内務大臣[*1]のようであり、夫が戸外で活動するのは外務大臣のようなものです。両大臣はともに一国の国事を行う者であり、その官名に内外の別があるだけで、その身分に軽重はありません。それならば、「女大学」にある「夫に仕えて云々」との文は内務大臣を外務大臣に仕えさせようとするものです。事実に反していておかしいですね。一国に行われないことは一家にも行われないと知るべきです。

＊1　明治六（一八七三）年に設置された内務省を指揮監督する国務大臣。内務省は地方行財政、警察など国内行政の大半を担った。昭和二十二（一九四七）年に廃止。

十八．下女の使い方って難しいのね？

下女を使うにも心を配るべきだ。言ってもわからない身分の低い者は、覚えが悪く知恵がなく、ずる賢く、口が悪い。夫や義理の両親や義理のきょうだいの悪口を伝えることが主人のためだと思っている。婦人にもし知恵がなくこれを信じてしまうと必ずうらまれる。もとより夫の家では皆他人なので、うらまれたりそむかれたり愛情を失うことは簡単である。下女の言葉を信じて大切な義理の両親やきょうだいの親しみを失わないように用心すべきだ。もし、特に口数が多い悪い下女がいるなら早く追い出すべきだ。このような者は必ず親類の中にも不要なことを言い、家を乱す元となるものだ。恐ろしい。また身分の低い者を使う時は気にいらないことが多い。そのことに怒って罵（ののし）ってばかり[*1]いれば、煩（わずら）わしくて[*2]腹が立つことが多くて家の中が静かにならない。悪いことがあれば折々に教えて誤りを直すべきだ。少しの過ちはこらえて怒ってはならない。心の中に憐れみの気持ちを持ち、心の外には行儀をきちんと教えるのを怠らないようにして使うべきだ。与えたり恵んだりするべきところではお金を惜しんではならない。ただし、気に入った者でも役に立たない者にみだりに与えてはならない。

［評論］

この一章は下女の取り扱い方を教えたものです。第一に彼女らの言うことを軽々しく信じて義理の両親の親しみを失わないこと、極めて口数の多い者は必ず家族親族間の波風の元になるので、速やかに追い出すこと、身分の低い者を使う時は気に入らないことが多くてもみだりに立腹せずによく教えて使うべきこと、与えたり恵んだりすることがあればお金を惜しんではならないこと、ただし偏った私情からみだりに与えてはならないこと、すべて非難するところはありません。特に「心の中には憐れみの気持ちを持ち、心の外には行儀をきちんと教えて使うべき」との一句は私が深く感服するところです。

＊1　口汚く悪口を言う。
＊2　うんざりする。

十九．婦人は、不和不順、うらむ、そしる、[＊1]ねたむ、知恵が浅い。言いたい放題ね

およそ婦人の心の悪しき病は、不和不順、怒りうらむこと、人をそしること、ものをねたむこと、知恵が浅いことの五つであり、十人中七、八人は必ず持っている。これが婦人が男に及ばないところだ。自ら顧（かえり）みて、[＊2]戒め改めるべきである。中でも知恵が浅いがゆえに五つの病も起こる。女は「陰」である。陰は夜であり暗いものだ。故に女は男に比べて愚かであり、目の前の当然のことにも気付かず、他人の非難もわきまえず、自分が夫や子の災いとなっていることも知らず、罪のない人をうらみ、怒り、呪ったりする。あるいは、人をねたんだり憎んだりして自分だけが

正しいと思っていても、人に憎まれ疎まれることが、すべて自分の身の仇となることを知らない。大変に空しく浅ましいことだ。子どもを育てても愛に溺れ、悪い習慣があり、愚かであるので、何事にも謙り夫に従うべきである。古い格言に、女子が生まれたら三日間は床の下に寝かせろ、という言葉がある。これは男は天にたとえられ、女は地のようなものであるという意味だ。だからすべてのことについて夫を先にして自分を後にして、良いことをした場合でも誇る心を持たず、悪いことをして人と仲違いをした場合でも争わずに早く過ちを改め、重ねて人に注意されないよう我が身を慎み、また他人に侮られても立腹したり憤ったりすることなく、よくこらえて、恐れ、慎むべきである。このように心得るならば夫婦の仲は自然と和らぎ、行く末長く連れ添うことができて、家の中は穏やかに保たれるであろう。

［評論］

本文は女大学の最終章で、はなはだしく婦人を責めており、ほとんど女を口汚く罵っている毒筆[*3]と言うしかないでしょう。婦人の心の悪いところとは、不和不順であること、怒り、うらむこと、人をそしること、ねたむこと、知恵が浅いことだとして、この五つの病は十人中七、八人は必ずあり、婦人が男子に及ばないところだと言っていますが、これが当たっているとはとても信じられません。

言行が穏やかで温順なのは婦人の特色であって、一般に皆が認めるところです。男子であれば大いに怒るような場合でも、婦人は態度を慎んで暖かみのある言葉で笑って済ませてしまうことが多いですね。男同士の論争や喧嘩は世間に珍しくありませんが、男子が婦人に対して争うことは稀です。これは男子が慎んでいるのではなく、実は婦人のほうに柔和温順でどことなく犯してはならないものがあるからです。単に男女の間だけではなく、男子同士の争いにも婦人が仲裁して波瀾*4を収めた例は、よく見聞きすることです。要するに女性の気質が穏やかであるという徳によっていることなのに、今、この事実を打ち消して、不和不順が婦人の病だと認めるようなことは、その意見の根拠が誤っているというものです。

ただし、著者がこの不和不順をはじめとして、憤怒*5、怨恨*6、誹謗*7、嫉妬*8、あらん限りの悪事を並び立てて、婦人固有の欠点だとしたのは、婦人がたとえそのような欠点を外に現さなくても、心の奥底で何か不平を持ち、時としてそれを言葉に漏らすことがあるという、その心の底の微妙な部分を推察したものなのでしょうか。もしもそうであれば私は著者の推察を否定する者ではありません。その推察は鋭いものです。

元来、日本の婦人は婚姻の契約を無視されて、夫婦対等の権利を剝奪され、常に圧制の下に這いつくばって、男子に侮辱されている者なので、「不平を言うまい」と思っていても、人間の天性としてそれはできません。稀にその不平を表情に現し、言葉の端に漏らすことがあれば、それが誹謗や嫉妬と言われます。これをたとえれば、人を密室に閉じ込め、火攻めにして熱湯を飲ませて、苦しい、熱いと一声出したら、これを叱って「忍耐に乏しい欠点がある」と言うに等しいのです。知っているか知らないか、その不平は人をそしるものではなく、物をねたむものでもなく、ただ、婦人自身の権利を守ろうとする一心のみから出たものなのです。その心中の真価もおしはからずに、簡単にこれを欠点としてしまう。これは無理無法なことではないでしょうか。

何百何千年もの間、無法な風習に束縛されて、なんとか外面の平静を装ってはいても、このような悪習は決して永遠に続くものではありません。私は、いわゆる女子の欠点とされている原因を明らかにして、「文明社会に生きる男女」の注意を促したいと考える者です。

また、初めの五つの病の五番目に「知恵が浅いこと」と書き、文末でも「知恵が浅いが故に五つの病が起きる」というのは、知恵が浅いから知恵が浅い、ということで、文章の体を成していませんが、細かいことはさておき、「元来、婦人の知恵が浅い」とは何を標準にして深さを定めたものなのでしょうか。男女が家にいて、おのおの担当する仕事を別にして、内と外の運営のどちらが知恵を必要とするか、と問われれば、私は全く同一であると断言します。

男子が戸外で活動してどのように成功したとしても、内を司（つかさど）る婦人が愚かで無知であれば、家は常に乱れて家ではなくなります。幸いにその主人がこれを取り繕って大事にならない場合もありますが、主人が早死にするなどの大きな不幸に遭えば、子どもたちの乱行、杜撰（ずさん）*9な財務管理により、一日にして大きな家が滅亡してしまう例があるのです。

それに対して、賢い婦人がよく内を治めて愚鈍（ぐどん）*10な主人もこれに依存して、いわゆる内助の功をもって戸外の体面を全うすることがあるだけではなく、夫が死んだ場合でも、賢い妻は、子どもをきちんと育てて、一切万事、母一人の手で家を保っていくということは昔から珍しいものではありません。現に、現在、世間に名の知られた能力ある紳士や賢い婦人の中には、母の手によってのみ育てられた者が少なくありません。賢い婦人は家を興(おこ)し[11]、愚かな婦人は家を滅ぼす。一家の盛衰(せいすい)[12]に婦人が及ぼす力が甚大であることは、男子に比較してわずかの差もありません。そのように、その家を興すのは婦人の智徳(ちとく)[13]である、ということは争いのない事実なのに、これを評して無知というのは、愚かな批評であり取るに足らないものです。

あるいは、婦人が戸外のさまざまな活動のことを知らないので無知というのでしょうか。これは婦人が生まれつき愚かなために無知なのではなく、外のことに関係しないので慣れておらず、知らないだけのことです。天下の政治経済のことを語っても理解する日本の婦人は少ない、という一面だけを見れば、婦人は愚かに見えますが、一方、日常の家事のことで、婦人が担当している仕事を細かに観察すれば、衣服や飲食のことを始めとして、下僕(げぼく)[14]の取り扱い、手紙や贈答の注意、来客の接待やもてなし、季節折々の行楽の趣向、もっと進んで子女の養育、病人の看護等、一切の家事は簡単に見えて実は大変なことです。これを処理するのに知恵を必要とするのはもちろん、その緻密にして微妙なことは、口でも言えず、文にも書けない、全く婦人の胸中にあることで、男子には想像もできず真似もできないことです。

この点から見れば、「男子は愚かで知恵が浅いもの」と言わざるを得ません。だとすれば男女の知恵は事柄によって異なり、場所によって異なる。すなわち家の中と家の外とその働く場所によって趣きが異なるだけのことなので、仮にもその人を教えて事に慣れた時には、能力に応じて、男子も女子も同じ仕事をすることができるのです。その例は明々白々で争いようがありません。

古来の勇猛な婦人の話は特別のこととしても、女の中には文壇の秀才が多いのは我が国の歴史が示すところで、西洋諸国においては特に女子教育を重んじて、物理、文学、経済学等の専門を修めて大家となる女子が多いだけではなく、女子の特性は思想が綿密であることから、官庁の会計士に採用される者があります。また学者の説では、医学においては男子よりも女子の方が適任だとして、女医教育の必要を唱えるものがあり、現に今日では女医の数は次第に増えているそうです。どの方面から見ても婦人の天性を無知であると明言して、これを棄て去ろうとする考えは「女大学」の著者の私見にとどまっています。

また女は陰性であり、陰は夜なので暗い、故に女は男に比べて愚かである云々と説き始め、あらん限りの悪徳を並べ立てて、その原因は陰性であるためだ、と例の陰陽説から割り出したところは特に笑止千万です。実に取るところのない愚論であり、愚か者の夢とはこのことです。

そもそも陰陽とは何なのでしょうか。漢学では、南が陽ならば北を陰と言い、冬が陰ならば春を陽と言い、天は陽、地は陰、日は陽、月は陰などと言いますが、大昔、道理に暗い時代に、無知無学の人が、その目に触れ、心に感じるところを何の根拠もなく二通りに区別して、これに漠然と陰と陽の名をつけてしまったもので、人間の男女もふとしたことからその名簿の中に数えて、男は陽性、女は陰性と勝手に鑑定されただけのことです。それは西洋で名詞の種類を分けて、男性名詞、女性名詞、中性名詞と名付けられているのと同じように、大昔の知識のない時代の古い習慣であり、元来、深い意味がある訳ではありません。だとすれば、男子は活発で身体が強大なので陽の部に入り、女子は静かで弱いので陰なのだという理屈もありますが、仮に一説を作り、女子は顔が麗しく愛嬌に溢れていて春の花のようであるのに対して、男子の顔の武骨で殺風景なのは秋の水や枯木に似ているので、春は陽、秋は陰だから、「女子は陽であり男子は陰である」と言っても反対はないはずです。

その他いろいろな陰陽説について、今日の我々が古人のように勝手気ままに新しい説を作れば、旧説を逆にして、陰陽を転倒させることはとても簡単です。そうなれば新説も旧説もともに根拠がなくなってしまいます。このような事実無根の空論を土台にして、女は陰性だ、陰は夜で暗い、故に女子は愚かであると明言するのは、気の毒で失敬ですが、私は、著者を、陰陽迷信の愚かな主張者であると言いたいと思います。理論の根拠が誤っている時は、その論及するところも価値がないものと知るべきです。

女は愚かなので目の前の利害にも気付かず、自分への非難もわきまえず、家人の災いとなっていることも知らず、いたずらに罪のない人をうらみ、怒ったりして、その結果、かえって自分が不利になるのを知らず、はなはだしい場合は、子どもを育てる方法も知らないほどの極めて愚かな大馬鹿者なので、結論として夫に従うべきであると言います。至れり尽くせりの罵詈雑言（ばりぞうごん）*15ですね（笑）。

私は、しばらく著者の言うがままに、その夫である者の人物を見てみたいと思います。天下の男子は陽性なので、陽は昼にして明るく、すべての事項に通じて内外の執務に適任であり、特に人の間の道義に明るく、品行は正しく、妻に対しても情が細やかであるというのでしょうか。果たしてこの通りであれば夫に従い、相談すべきだと言えますが、今の世間の風潮がその通りであるとはとても疑わしい。私は、婦人のために、軽々しく「女大学」の文にだまされないように自尊自重して、静かに自分の権利を守ることを勧告します。

また、古い格言に、女子が生まれたら三日間は床の下に寝かせろとあります。男を天にたとえて女は地に象徴されるものだ、と述べていますが、これもまた前節同様の空論で取るに足りません。どうして男は天のように高くて女は地のように低いのでしょうか。男女は、性が異なっていてもその間に高低尊卑の差はありません。もしその差別があるとするのであれば、事実を挙げて証明する必要があります。その事実も言わないで古代の法をもって論理の根拠としているのは、でたらめ以外の何物でもありません。古代の法や古代の言葉を盲信（もうしん）[16]して、これを永久の真理と認めて、むしろ自然の法則を知らず、時勢の変遷を知らないのは古い時代の学者の弊害です。人間の知恵の進歩は盲信を許しません。女子を床の下に寝かせて男女に天地ほどの差があると示したのは、古い時代の人の発想であって、そのことを人類不朽の決まりとする必要はありません。古い時代の人も現代に暮らす人も、ともに社会の一員であって、昔も今もそれぞれの時勢というものがあります。私は慣習による大昔の例に心酔して現代のことを決めつけてしまう者ではありません。

　要するに、「女大学」の著者が男尊女卑の主義を貫こうとして、その根拠がないことに苦しみ、古代の法とかいうものを借りてきて、天地などという空想を楯にして、それらしい論法で女性を圧倒して、無理に女性を暗いところに閉じ込めようとの窮（きゅう）余（よ）[17]の策に出たものなのでしょう。すでに男尊女卑と決まっているのであれば、婦人に命令することはとても簡単です。すべてのことについて夫を先にして自分を後にして、良いことをした場合でも誇る心を持たず、悪いことをして人に指摘された場合でも争わずに早く過ちを改め、身を慎み、他人に侮（あなど）られても[18]立腹したり憤ったりすることなく、よくこらえて、恐れ慎むべきであると言います。

いわゆる柔和忍辱（にゅうわにんにく）[19]の意味であり、人間の美徳ですが、私の所見では、夫婦が家に同居していればその身分に偏った軽重を与えることは許されず、婦人に向かって命じることは男子に向かっても命じられなければならないと思います。故にこの文章をそのまま夫の方に差し向け、すべてのことを妻を先にして自分を後にし、自分の手柄も誇らず、失策して妻にとがめられてもこれを争わず、速やかに過ちを改めて身を慎み、あるいは、妻に侮られても憤慨（ふんがい）[20]せず、ただ恐縮して謹慎（きんしん）[21]すべきだと、双方に向かって同じ教訓を与え、双方ともにそのような心得であれば、夫婦の仲は自ら和らぎ、行く末長く連れ添って家の中が安泰であることは私が保証するところです。このことは疑いのないことですが、著者が見るところでは果たしてどうでしょうか。果たして以上のお互いが平等だという説を許してくれるでしょうか。私が聞きたいところです。もしそうではなくて、単に婦人だけを戒めて、男子の方には手をつけず、あたかもこれを野放しにして勝手気ままを許すのであれば、柔和忍辱の教えは美しいものですが、これは奴隷の心得というべきものです。夫婦の関係は君臣の関係でも主従関係でもない。ましてその一方を奴隷視するに至っては、私が断じて反対するところです。

＊1　福澤は本文の中で「誹る（そしる）」と「謗る（そしる）」を使い分けています。この言葉は「悪口を言う」という意味では共通していますが、「誹る」は「非難する」という意味が強く、「謗る」は「低く評価する」という意味が強い言葉です。しかし全体としては大きな違いはないので本書では「そしる」と表記しています。
＊2　立ち返って見ること。
＊3　悪意をもって書かれた文章。
＊4　激しい変化や曲折。
＊5　激しく怒ること。
＊6　深くうらむこと。
＊7　他人の悪口を言うこと。
＊8　うらんだりねたんだりすること。

＊9　いいかげんで誤りの多いこと。
＊10　判断力、理解力が鈍いこと。
＊11　衰えていた家を再び隆盛にすること。
＊12　盛んになったり衰えたりすること。
＊13　知恵と人徳。
＊14　召使いの男。
＊15　口を極めた悪口。
＊16　訳もわからずひたすらに信じること。
＊17　苦し紛れの。
＊18　軽蔑されても。
＊19　侮辱や迫害にも耐え忍ぶこと。
＊20　ひどく腹を立てること。
＊21　言動を控え目にすること。

女大学終

これら各条のことを幼い時によく教えるべきだ。また文書にして折々に読み、忘れることのないようにするべきだ。今の世の人にとっては、女子に衣服や道具などを多く与えて結婚させるよりも、これらの条項をよく教えることが、一生の間、身を保つ宝となる。古い言葉に「人は百万のお金を出して女子を結婚させることは知っているが、十万のお金を出して子どもに教えることを知らない」とある。真実である。女子の親である人はその真理を知らねばならない。

女大学の各条には「幼い時からよく教えなさい」「今の世の人にとっては女子に衣服や道具などを多く与えて結婚させるよりもこの条項をよく教えるべき」「古い言葉に人は百万のお金を出して女子を結婚させることは知っているが十万のお金を出して子どもに教えることを知らない」「女子の親である人はその真理を知らなければなら

ない」とあります。真実ですね。

以上、十九カ条の結論は論じ終わってみると親切なものです。私は、もとより、著者の誠意を非難する訳ではありませんが、「女大学」が書かれてから二百年が経過した今日、人の知恵の進歩や時勢の変化を見て、過去の事実に照らして将来の幸福を求める時に、どうしても古い時代の説に服従することはできず、あえて反対意見を述べたのです。

そもそも、昔、封建時代は門閥（もんばつ）だけで何事も判断される時代で、政治を始めとしてすべてが圧制の下に組織されていた世の中では、男女関係も自ずから一般の風潮に従い、男子はまるで君主のように、女子はまるで臣下（しんか）のように扱われたのでした。そこには尊卑の違いがあると同時に、君主たる男子は、貴賤貧富や身分の区別はあるものの、婦人に接する態度はあたかも時の将軍や大名のように傍若無人（ぼうじゃくぶじん）[*1]で、婦人を冷遇して無視するばかりか、はなはだしい場合は、淫乱（いんらん）を極めて、配偶者を虐待、侮辱しても世間にはこれをとがめる者がなく、かえって、その虐待や侮辱に服従する者を賢婦（けんぷ）[*2]、貞女（ていじょ）[*3]と称することが、世の中に広くゆきわたった習慣となっていました。身分が上の者も下の者もこれになびいて、嫉妬は婦人の欠点であると教えていれば、下流社会もこれを聞いて習い、「焼き餅は女の恥」などと言い出して、自ら結婚契約の権利を放棄して苦悩の淵に沈んでしまうばかりでなく、男子が狂乱することが子孫にとって禍（わざわい）の源になることなのに、それを放っておいて、知らないでいることは奇怪なことです。驚くべきことですが、社会圧制の長い歴史の中、これが国民一般の習慣となり当たり前のこととなっていたのです。

政治の上で「君主に徳がなくても臣下は臣としての道を守って尽くさなければならない」と言うのと同じで、婦人の道は柔和、忍辱、盲従にあって「夫に徳がなくても妻は妻としての道を守って尽くさなければならない」として、もっぱらその一方の教えに力を入れて、封建社会の秩序に適合させ、また間接的にもその秩序を援助するような、一種、特別の時勢の中で、立案、執筆された「女大学」であるので、その所見は今日から見れば、奇怪ではありますが、その昔は決して怪しいものではなかったのです。弓矢、槍、刀は今の軍備から見れば無用の長物で、一種の玩具のようなものですが昔は一本の槍で、全軍の勝敗が決したこともあるくらい優れた武器でした。しかし、今では玩具です。

今と昔の違いは人の知恵の進歩、時勢の変化であり、学者が注意すべきところです。だとすれば、私は「女大学」を女子教育の弓矢、槍、刀であると認め、今日においては全く価値がないものではありますが、論旨の是非はともかく、著者が女子教育の必要性を熱心に説いていることについては感服しています。よって、今、私の腹案である女子教育説の大意を著し、これを「新女大学（しんおんなだいがく）」と題して、地下に眠る著者に問い確かめたいと思います。著者先生においても二百年来の変化を見て、あるいは賛成してくれるかもしれません。

＊1　人のことに構わずに自分勝手にふるまうこと。

＊2　賢い婦人。

＊3　貞節な女性。

新女大学

一．男子も女子も対等に育てる

すべての女子は、男子と同様に生まれ、男子と同様に父母に育てられるという約束になっているので、その成長において両親の責任は軽いものではありません。母親が多産や病弱の場合には、母体保護のために乳母[うば][*1]を雇うこともやむを得ませんが、できることなら実の母親の母乳で育てるべきです。ですから平素より母体の健康が大切なのです。子どもは母乳ではなく牛乳で育てるべきという意見もあり、また財産家は乳母を雇うことは簡単なので、実の母に母乳が出るのにわざとこれを与えずに、自分の子どもの成長をまるで他人の子のように見る人もありますが、これは大きな心得違いで、自然の道理ではありません。

*1　母親に代わって乳児に乳を飲ませたり養育する女性。

二. イクメンのススメ

婦人には、妊娠、出産はもちろんのこと、出産後も子どもに母乳を与えたり、衣服を着せ、暑さ寒さの心配をしたりと、他人にはわからない苦労が多く、自分が痩せてしまうほどなのです。父である夫はその苦労を理解して、たとえ自分の仕事があっても、事情の許す限り時間を作って子育てに協力し、わずかな時間でも妻に休息してもらうようにするべきです。[*1] 世間では人目を気にしてわざと妻を顧みなかったり、またそうでなくとも、表面上は妻を無視しているように装う人もいます。これは幼稚な行動です。夫が、妻の苦労を他人事として、自分だけのんびりとしていることは、倫理にもとる罪で恥ずべきことで、それを装う者は勇気のない馬鹿者と言うべきでしょう。[*2]

＊1　これは現代でいう「イクメン」です。その「イクメン」という言葉が我が国で市民権を得たのは平

成二十二（二〇一〇）年。当時の厚生労働大臣が少子化打開の一助として「イクメンという言葉を流行らせたい」と国会で発言し、男性の子育て参加や育児休業取得促進などを目的とした「イクメンプロジェクト」を始動させたのがきっかけでした。福澤はそれに先駆けること一一〇年前に同様の主張をしていたのです。

令和元（二〇一九）年度の男性の育児休業取得率は、前年度より一・三二ポイント増加し、七・四八％でした（厚生労働省）。これは比較可能な平成八年度（一九九六年度）の調査以来の過去最高の数値でした。同省は令和二（二〇二〇）年度までに男性の育休取得率を一三％にする目標をもっています。わずかずつではありますが福澤の考えに近づいているようです。

＊2　現代でも子育てを妻に任せきりにして育児に参加しない男性を「豪快」「仕事本位」「男らしい」と高く評価する場合もありますが、福澤は当時からその風評を批判しています。

三. 女子も元気に活発に育てる

女児も少し成長した後は、男児と同様に一生懸命に体育に取り組ませ、ケガをしない限りは、おてんばな遊びもさせなければなりません。娘だからといって、自宅に居て服を汚すことを恐れて、運動をしないようにして身体の発達を害するという悪い習慣がありますが、これは大きな考え違いです。子どもが大いに遊ぶ年齢では、安価で、破れても汚れてもいい服を着せて、活発に運動させるようにすべきです。

また食べ物にも気をつけ、無害で栄養のある物を与えることは言うまでもないことですが、食べ物だけに頼って子どもを育てようとすることは間違いです。どんなに良いものを食べさせても、その食べ物に見合うだけの運動をしなければ、その食べ物はかえって発育の妨げになります。田舎の貧乏な子は、粗末なものばかり食べているにもかかわらず、健康な者が多いと言います。ですから、京都や大阪近辺のお金持ちの中には、虚弱な子を京都郊外の八瀬(やせ)、大原(おおはら)*1の民家に預けて養育してもらうことがあると言います。田舎は食べ物が粗末なことは言うまでもありませんが、田舎のものを食べて田舎風に運動すれば、都会の美食よりもずっと体に良いのです。ですから、子どもを丈夫に育てようとするならば、たとえ家にお金がたくさんあっても、家を八瀬、大原のような環境にして、子どもに生理学上の注意を払うことが大切です。[*2]

＊1　後白河法皇が隠棲していた平徳子（建礼門院）を訪ねた場所であり、都から離れた物寂しい地を指している。現在は京都府京都市左京区にある。

＊2　福澤は『福翁百話』の第三十一話「身体の発育こそ大切なれ」のなかで「まず獣身を成して後に人心を養え」とも述べています。以下、抜粋した現代語訳を示します。

父母が子を養育するのは自然なことであり義務でもあります。その養育の方法がどうあるべきかと言うと、第一に、賢いか賢くないかは別にして、人間の子もまた一種の動物であると考え、ただ、牛馬犬猫を育てるのと同じように、その身体の発育を重んじることが大切です。衣服、飲食、空気、日光に注意して、身体の運動を重視し、一切を動物の飼養法にならって発育、成長を促し、獣のような頑強な体ができた後に、徐々に精神の教育に及べばいいのです。

この精神の教育にしても、幼児の時には特に教科を教えるのではなく、ただ、家の中での言語や挙動を美しくして、醜くなったり、残忍になったり、偽わったり、争ったりせずに、一家が春風のように仲良く、秋水のように清くしていれば、成長途上の子どもたちのために最高の教師となります。そうすれば、特別の事情がない限り、精神は美しく活発に発達していきます。

このようにして七、八歳を過ぎて、はじめて読書をしたり、いろいろなことを考え始めたりするようになる時でも、身体は人間の第一の宝であると心得て、どんな事情があっても精神を過労させて、身体の発育を妨げてはいけないのです。目の不自由な人は耳の感覚が鋭敏だと言います。それは目の働きが耳に移っているからです。だとすれば、身体と精神の二者が相対して、精神に重きをおいてその感覚を研ぎ澄ませば、身体の発育がおろそかになって自然に衰弱していきます。

これはわかりきったことなのに、世の中の父母だけでなく教育の専門家もこれに気づかず、幼少の時から難しいことを教えて、子どもの心を疲れさせて平気でいます。

五、六歳の子どもに本を読ませて物事の道理や数字を教え、上手に覚えれば「頭のいい子だ」と褒めて、反対に勉強を怠れば叱るので、子どもも人に誉められたいので自然に勉強するようになり、それが習慣となれば生理の原則に従って次第に身体が衰弱していきます。顔色がよく健康であるべきところを、胃痛や頭痛に苦しめられて食欲不振に陥り、どんどん衰弱して活動を嫌うようになり、成長した後も友人と仲良くすることができず、一人で読書をするようになってしまいます。

父母はその病身を心配するものの、その子が勉強するのを見て秘かに喜んで「我が子は他の子どもと違っている」と得意になる者が多いのですが、実にとんでもないことです。このような子どもが無事に成人することの方が不思議です。たとえ幸いに成人して、希望どおりの学業を修めることができたとしても、何の役に立つのでしょう。家のためにも国のためにも無用なものになってしまいます。「まず獣身を成して後に人心を養え」（まず獣のような体を作って、それから精神の勉強をせよ）とは、私が常に主張しているところであり、世の中の父母は決してこのことを忘れてはなりません。これは何度、注意しても注意が足りることはありません。

四．まず女子教育の基礎を教える

もう少し成長したら、文字を教え、裁縫の技術を習わせて、次には、手紙文や算盤を一通り教えます。日常の衣服を仕立てたり、[*1]家計の出納を家計簿に書けるまで上達することは簡単なことではないので、父母は心して教えなければなりません。また台所のいろいろなことは、女子が知っていなければならないことなので、たとえ、使用人を数多く抱える身分であっても、ご飯を炊くことはもちろん、料理、献立、日常の食べ物の作り方に至るまで、事細かに覚えなければなりません。自らしない場合でも、一家の生活を切り盛りすることは簡単ではないので、娘の時からこれに慣れておくことが大切です。

＊1　福澤は明治五（一八七二）年に慶應義塾内に「衣服仕立局」をつくっています。その広告の中で「開設した趣旨」として「田畑の仕事に従事する農村の女性と異なり、都会に暮らす女性は勤める仕事がないので、ひたすら男子に依存せざるを得ない」と指摘して、せめて慶應義塾の中だけでも女性に職業の場をつくり、収入を確保する場を持たせようとしています。

五．女子の学問で重要なのは経済と法律

前項で述べたことは学問というほどのものではなく、すべての女子教育の基本です。さて、学問の教育においては女子は男子と違いはありません。第一に大切なことは、物理学を学び、これを土台としていろいろな専門の研究に進んでいくことです。これをたとえれば、日本ではお米、西洋諸国ではパンを主食とし、次に副食物があるように、学問の土台は物理学にあると考えて、まずその基本を理解して、後に、各々の好きな分野に向かって勉強していくのが良いでしょう。極端なことを言えば、女子にとって、兵学以外はすべての学問は無駄ではないのです。[*1] しかし、その勉学の程度については大いに注意しなければなりません。

まず、女子は家事を担当する役目があるので、勉強する時間が少ないのが現状です。これはお金で解決できる問題であって、お金さえあれば家事を他人に任せて勉強することができます。しかし、女子の体は男子と違い、毎月、生理で身体の自由

を妨げられるだけでなく、妊娠や出産に続いて、赤ちゃんの授乳や養育に時間を割く必要があるので、学問を進めるにあたって、男子と同じようにできないのは仕方のないことです。

特に、我が国においては、昔から女性には学問は無用とする習慣が確立してしまっているので、今、突然、女性を高尚な学問に導こうとしても実現不可能な望みです。ですから、私は、今後一〇年、二〇年の短い間には多くのことを求めず、次の時代のことは次の時代の人の責任として残して、今、早急に取り組むべきことは、とにかく現代の女子に文明の一般常識を学ばせることだと考えています。物理学、生理学、衛生法の初歩から始めて、地理、歴史等の概要を学ぶことが大切であり、婦人には薬物学や栄養学も面白い勉強になると思います。特に、私が日本の女子に是非、学んでもらいたいのは経済と法律の二つです。「女子に経済や法律を学べ」とはとても変わったことに感じられるかもしれませんが、女子にそれらの知識が全くないことが、女子社会に力がない一大原因なので、ともかく一般の学問を修めた後は、経済や法律の概要を学ぶことがもっとも必要なのです。これは文明社会の女子に必須のアイテムと言えます。

＊1　現代では防衛学を学ぶ女性も珍しくありません。我が国自衛隊においても自衛官の六〜七％は女性であり、女性一等海佐（護衛艦艦長クラス）もいます。しかしアメリカはもっと進んでおり、現在、米軍現役兵士約一四〇万人のうち一五％が女性と言われています。

六．優美な心を大切に

女性には優美な心が大切なので、学問を勉強しても男性のように愛想がなくなってはいけません。遠慮がない人、行儀が悪い人、差し出がましく生意気な人になってはなりません。他人と交際するにはルールがあります。論じるべきところでは遠慮なく論じてもいいのですが、互角の立場で議論する時でも、その口調を穏やかにしたり激しくすべきところがあるので注意が必要です。口頭の議論も文章と一緒です。同じ趣旨のことを述べても、優美で高尚な文章もあれば粗野で過激な文章もあります。思いのたけをぶつけた激論が有効な時もありますが、巧みな文章で遠回しに意見を述べることで、かえって読者を大いに感動させ、俗に言う、「真綿で首を絞める」[*1]ような効果を発揮することがあります。

男子の文章はすでにこのレベルに達しています。ですから女子の議論においても、当然、そうしなければなりません。間違っても過激で粗暴になってはなりません。穏やかな表情で、緩やかな口調で、理屈を明らかにして、繰り返し思うところを述べるしかありません。これが女子の品位を維持する方法であって、このような接し方をすればちゃんとした男子は意見を聞いてくれるでしょう。世間の女子学生などが、自らの無能力を棚に上げて、差し出がましく口を開いて人に笑われるのは私の好みではありません。

＊1　一気にするのではなく遠回しにじわじわと責めること。

七．和歌、茶の湯も大切だがもっと大切なものは……

「優美が大切」という点で言えば、お稽古事はそもそも女子社会の独占のものなので、音楽はもちろん、茶の湯、生花、歌、俳句、書画等のお稽古は、家計の妨げにならない限り、どんどん進めていけばよろしい。ただし、今も女性の学問と言えば、古文を学んだり和歌を詠んでいれば十分とする人がいます。古文や和歌は高尚にして味わいのあるものですが、この楽しみは一時のものであり、これを生活の実際に利用することはできません。例えば、音楽、茶の湯、生花の風流を台所に持ち込んでみても役に立ちませんよね。

それだけでなく、古文や和歌の内容は、往々にしてうわべだけのもので科学的思想に乏しく、言葉は優美であるものの、その内容は品を欠くものがあります。例えば、世の中に普通に受け入れられている百人一首でも、表面だけをただ読んでいれば少年少女に無害ですが、もし、その内容をいちいち詳細に解釈して現代の言葉に翻訳したならば、下品かつ不潔で、聞くに耐えないことは世俗[1]の都々逸[2]と同じです。都々逸は三味線の伴奏で「コリャサイ」などと茶化して歌うので低俗に聞こえますが、和歌も三味線に合わせて「コリャサイ」の調子で歌えばやはり低俗なものです。和歌も、都々逸や長唄[3]や清元[4]と一緒なので必ずしも崇拝する必要はありません。これらは、坊さんの読むお経の文句を聞くように、その意味を知らずに音を耳にしているのが良く、その意味をきちんと解釈するのは良いことではありません。

例えば、古文や和歌を上手に教える女史が、かえって自分の身辺の大切なことを忘れている場合があります。自身の病気の際にどの医者にかかるべきかも知らず、老人や子どもを看病する時にその方法を誤り、ひどい場合には、手相[5]、家相[6]、九星[7]、八卦[8]などの迷信に頼って祈るだけ、というおかしなことも世間には例が多くあります。これは無学迷信の罪という他はありません。だとすれば、古くから世に伝わるかな文字も、これを美術の一部として学ぶことには価値がありますが、これが女子の唯一の学問であるとして、一生涯、こればかりを勉強することに私は感心しません。

＊1　世間一般に見られる様。

＊2　俗曲の一種。江戸末期から明治にかけて愛唱された歌。七七七五の二六文字でさえあれば、どのような節回しで歌ってもよかった。「赤い顔してお酒を飲んで今朝の勘定で青くなる」など世俗的なものが多い。

＊3　近世邦楽の一ジャンルであり同時に三味線音楽の一ジャンルでもある。江戸の音曲の一つであり正式名称は江戸長唄（えどながうた）という。

＊4　三味線音楽の一つで浄瑠璃（じょうるり）の一種。主として歌舞伎の伴奏音楽として用いられる。

＊5　手の平に現れる線や肉付き等に着目して、その人の性格や才能資質、健康状態、運勢の良否を判断する占い。

＊6　土地や家の間取りなどによって住人の運勢をみる占術。

＊7　古代中国から伝わる民間信仰。

＊8　古代中国から伝わる易における八つの基本図像。これを用いて運勢や方位の吉凶を占う。

八．父母の行いが子どもの道徳心を育てる

女子の道徳教育においては書籍や、父母、年長者の訓話も大切ですが、それらよりも、もっと近くにあり、影響が大きい教えは、父母の日常の行いです。私はいつも、「道徳の教えは耳から入るのではなく目から入るもの」だと主張しており、これを軽んじてはいけません。父母の行いが正しく、その思想が高尚であれば、家風は自然と美しくなり、子女の道徳心は教えなくても自然に美しくなります。ですから、父や母が身を慎んで生活するのは、自分の利益のためだけではなく、子孫のために避けては通れない義務だと心してください。

九．開けっ放しの雰囲気が親子関係を円滑にする

それぞれの家庭には良い伝統がいろいろとありますが、最も大切なことは家族の団らんです。そしてお互いに隠し事がないことです。子どもがお母さんに語ったことは、お父さんにも同様に語られ、お父さんが子どもに告げることはお母さんも知っており、お母さんの話はお父さんもまた知っているというように、非常な時以外は、一切、秘密がなく、家の中をあたかも開けっ放しになっているようにして、親子の間は初めて円滑となるのです。これは自分の意見だが父上には語ってはならない、これは自分一人の独断なので母上には内緒、などの話は、よく世間に聞かれる話です。ですが、ことの善悪にかかわらず、こんなふうでは家族の中に策略があるようであり、子どもを養育する正しい方法ではありません。

十．我が国の結婚のあり方だって捨てたものじゃない

女子が成長して家庭教育や学校教育を終えた後は男子と結婚します。結婚は生涯の一大事です。西洋諸国においては、男女が相手を選んで交際して、決心した後に父母に報告、その同意を得て結婚式を行います。しかし、日本においては事情が異なります。子どものために結婚相手を探すことは父母の責任です。子どもたちが年頃になれば、苦労して相手を探し、長所、短所、様々な観点から検討して、いよいよこの人でＯＫと父母の間で決めて、本人の意向を聞き、異存がなければ、やっと決定するという具合です。

ですから表面から見ると、子どもの結婚は父母の意に沿って決定するもので、本人はただ成立するのを待っているだけのようですが、実際は違います。父母はただの発案者であり決定者ではありません。両親が考えた案を本人に告げてその可否を問うもので、万一、同意がなければ決してこれを強いるものではありません。気に

入らなければ、速やかにこれを止めて次の人を探すのが普通です。ですから、外国人などが日本流の結婚を見て「本人不在で親だけで決めるなんて」と批判するのは、実際を知らない者の言うことなので気にしなくてよいでしょう。

例えば、封建時代に、武家は百姓町人を「切捨御免（きりすてごめん）」[*1]と言いながら、実際に切り捨てた人がいないようなもので、正式に存在している規則であっても習慣によって許されていないのです。ただし、世の中は広く、お金のために実の娘を売る親さえいるので、親の威光で娘の嫁入りを強制する者もいるでしょう。ですが、これは、昔のバカな侍が酔いに任せて町民を手討（てうち）[*2]ちにするのと同じで、情け知らずの人非人（にんぴにん）として退けられるべき例外です。このような極端な場合を除いて、全体として、日本の結婚に至るやり方は、実際のところ女子に大きな不満もないでしょう。

＊1　江戸時代においては武士が耐え難い「無礼」を受けた時は相手を切り捨てても処罰を受けませんでした。これは当時の江戸幕府の法律である「公事方御定書」七一条追加条によって明記されていました。ただし、その判定は厳格であり証拠が認められない限り死刑となる可能性が大きく、その権利の行使も

命がけであり、江戸時代後期にはほとんどみられなくなっていました。

＊2　切捨御免と同義語。

十一・両性の気品を高めて結婚の契約を自由自在にする

父母が女子のために配偶者を探すことは大変に都合の良いことであり、そのこと自体、本人の自由を妨げている訳ではありませんが、今一歩進んで、社会全体において男女交際の範囲を広くして、これを高尚に優美にして、和やかに交際しても、乱れることがないところまで高めて、自由自在になることこそ私が常に願うところです。こうなれば女子の見聞も広がり、父母に結婚を勧められた時に、その可否を答えやすく、あるいは、自分で意中の人を決めた時も、内々に父母に語るとか、秘かに人を通して伝えることができ、親子ともに大変便利で理想的なことです。

しかし、これは現時点ではただの希望であって、実際に行うのは困難なことです。強いて実行しようとすれば、便利よりも弊害の方がずっと多いのではないかと私は恐れています。男女交際のあり方がまだ未熟な時代においては、両性の間には単に体の関係があるのみで心を通わせることがありません。例えば、今の浮気者の男子の芸者遊びなどは、自分では男女の交際と言いながら、その関係が極めて下品で汚らわしく、無礼なので、気品の高い交際の範囲から遠く外れています。たとえ直接には下品なことをしない場合でも、結局は性欲の波の中で浮き沈みしているだけのことです。

だとすれば、今、両性の気品を高尚にしてその交際を広くして、それをもって結婚の契約を自由自在にするには、ただ、社会改良の時期を待つのみです。いや、何もせずにただその時機の到来を待っているのではなく、天下の志のある男女が自ら行動して実例を示して、時の流れをつくることを私は希望します。

十二．結婚したら男女は一心同体

女子の結婚は男子と一緒で、他家に嫁に行く場合もあれば、実家で婿養子をもらう場合もあります。あるいは、男女ともに実家を離れて新しい家をつくる場合もあります。その形態はいろいろですが、結婚した後は、夫婦は深い信頼関係で結ばれ、苦しいことも楽しいことも一緒に味わうという約束を守って、一生決してそれにそむいてはなりません。生涯、独身であれば女子もかえって気楽ですが、そうもいかないので結婚すると、そのために苦労の種を背負い込んでしまったように見えますが、男女が同じ家にいるのは天の命じるところなので、その同居の楽しみは、その苦しみ以上のものがあるはずです。結婚は独身時代の苦楽を倍にするものなので、楽しいことも多いかわりに苦労もまた多いのです。

夫婦は正しく一つの体であるように、妻の病気には夫も苦しみ、夫の恥には妻も心を痛め、その感じるところには少しも違いはありません。世の男女はこのわかりやすい道理を知らずに、結婚は楽しいことばかりと思って、苦労が伴うことを忘れがちです。男子が年老いた妻を捨てて妾を囲ったり、婦人が貧乏を嫌って夫を置き去りにするなどの怪事件があります。要するにこの人たちは結婚の契約を重んじない人でなしです。慎むべきことです。

十三．嫁と義理の両親との関係は難しい、言うまでもなく

女子が結婚して他家に嫁に行く時、義理の両親にどうやって仕えるかということは、昔から世論がうるさく言い立てているところであり、また、実際、女同士である義理の母親と嫁の間に衝突が発生するのは珍しいことではありません。たとえ、表面上に衝突がない場合でも、内心、お互いに含むところがあって打ちとけることができないのは、日本国中のほとんどすべての家で普通のことであると言ってもい

いでしょう。世の中のすべての義理の母親が悪い人である訳ではなく、世の中のすべての嫁が悪女である訳でもないのに、その人柄の善し悪しに関係なく、嫁と義理の母親の間が概して穏やかでないのは、人の罪ではなく勢いでそうなったものであり、一歩、進めてこれを考えれば、世に行われている教えや習慣がそう仕向けていると言えます。

世間では、嫁は実の父母に仕えるように義理の両親に仕えなさい、実の父母よりも厚く仕えて親しみ敬いなさい、と言うのと同時に、義理の両親には嫁を実の娘のように愛しなさい、と言います。このことが実際に行われていれば結構ですが、自然の人情はそうもいきません。父母でない者に父母として接する、娘でない者に娘として接する、ということは実際にはできないことであって、結局、お互いの交際は、すべてのことにおいて心の底からの思いではなく、うわべだけの儀式になってしまうことが多いのです。

たとえ、一方が本当に打ちとけて親しもうとしても、他方の心に何か含むところがあったり、たとえ何もなくても、含むところがあると推察されてしまえば、ただでさえ近寄りがたい相手であるので、俗に言う「触(さわ)らぬ神(かみ)に祟(たた)りなし」[*1]のことわざに従って、一通りの会釈や挨拶はきちんとするものの、心に思うところの本音は胸の中に隠し、外には出さないようにするしかないのです。すなわち、双方の胸にわだかまりがある時は、そのわだかまりは悪事でないばかりか真実の親切や誠心誠意のことであっても、「隠す」という行為によって双方ともに釈然としなくなります。

これが本当の親子の場合は、遠慮なしに思うところを述べて、双方の間に行き違いや誤解があったり、親に叱られ、子に非難されても、最後は、笑い飛ばしてうらみに思うことなく、依然、親子の情を害することがありません。それと比べると、嫁と姑のことはとても同じに論じることはできません。だとすれば、義理の両親と嫁の関係は、その人格にかかわらず、その家の家風を論じるまでもなく、双方が真の親子であろうと努力することは、千に一つの例外の他、まず人間の世界では行われ難い望みなのです。

古来から流行している女子教育法によって定められ、ついに社会全般の習慣となったことにより、義理の両親も嫁も共に苦労することになってしまうのであれば、このような無理な望みをもって失敗するよりも、できないことはできないとして他に良い手段を考え、人の心の根本から考え直して家の幸福を追求することが私の望むところです。

＊1　その事にかかわりさえもたなければ、災いを招くことはない。面倒なことに余計な手出しをしない方がいいとする言葉。類語「当たらぬ蜂には刺されぬ」。

十四．別居のススメ。せめて二世帯住宅を

文字通り、義理の両親は義理の両親であり嫁は嫁です。元来、親でもなく子でもないので、その親子ではないという真実に従って仲良くする方法を考えるのが人情として自然です。それは私が特に注意しているところです。夫婦の間では、近くに

いればお互いに引き合うようになり、遠くにいてもますます引き合うようになります。一方、義理の両親と嫁の間では、近くにいれば常に衝突しますが、遠くにいれば逆にお互いに引き合うようになります。

ですから、女子が結婚する時には、夫婦ともに父母から離れて別個の新家を設けることがいいことなのです。ですが、結婚のあり方は一様ではなく、家の貧富や職業の事情も同じではないので、別の家を設けることが難しい場合は、少なくとも新夫婦は台所だけは別にするべきだと私はいつも主張しています。新旧の夫婦は一つの家に同居しないで、その内の一組は近隣なり屋敷の中の別の家に住むのがいいでしょう。あるいは、家計の関係からそれが許されない場合は、同じ家の中でも一切の生活を別にして、新旧両夫婦の接点を少なくすることが大変重要です。

新婦にとっての老夫婦は、肉親の父母でない上に年齢も異なるので、衣服や飲食全般のことについて考え方や好みが同じでないことは当然で、その異なる考え方の人たちが接する時、どうしても自分を主張してお互いに責め合うようになってしまい、双方が感情を害するようになってしまいます。それに対して、お互いが遠く離れて、見えるか見えないかのような状態にして、お互いに相手の内情に立ち入らないようにすれば、新旧夫婦が独立して自然に家計の自由を得るだけでなく、義理の両親と嫁の間も知らず知らずに仲良くなって、家族団らんの幸福を期待することができるのです。すなわち、新夫婦はもとから引き合っているのがますます引き合うこととなり、新旧夫婦がお互いに責め合うリスクを避け、遠くにいることによってお互いが引き合うようにするのです。

世間では多くの老夫婦が息子に嫁を迎えたり娘に養子をもらう場合、無理に一つの家の中に同居して衝突が起きてしまって、「これほど近くに置いて優しく世話をしたのに、新夫婦に不平があるのはおかしい」と愚痴を漏らす者が多くあります。たびたび聞く話ですが、そうやって近くに置いて優しくお世話をされることこそが苦痛の種なのです。これはその人たちが悪い訳ではなく、習慣によって、新旧夫婦が共に不愉快と知りながら、近くに接して自ら苦しむことになります。これが今までの結婚のあり方の間違っているところだと言えます。

＊1　二世帯住宅研究所は二世帯住宅を「キッチンが二つあり親子が独立した世帯として住まう住宅」と定義しています。この名称は、元々、ヘーベルハウス（旭化成ホームズ）が昭和五十（一九七五）年に発表した商品名でした。実に七五年の年を経て福澤の主張が商品化されたのです。

十五．離れているからこそ義理の両親を大切に

新夫婦は、家の事情が許す限り老夫婦と同居しないようにするとして、さて、その新婦は義理の両親とどのように接するべきでしょうか。新婦にとって夫は実の父母にも劣らぬ最愛の人であるべきです。その最愛の夫の、最も尊敬して親愛する義理の両親は、たとえ自分の父母でなくても、夫を思う心情からこれに厚く接するのは当然のことです。夫が常に大切にしている物であれば、犬や馬、器具のような些細な物でもこれを大切にするのは妻としての情です。ですから、たとえようもなく

大切な夫を産んでくれた、この上ない近親である老父母を大切に感じるのは当然のことです。老夫婦が健康で心穏やかに過ごせるように、間違っても不愉快な気持ちを起こさせることのないよう心を配るべきです。老人には長年の経験があるので、あらゆることを打ち明けて相談するべきです。これは一見、老人に面倒をかけているように見えますが、相談すること自体が、「老人を仲間はずれにしていない」という事実を表しているので、かえって気持ちが通じるものなのです。

かつて、ある洋学者が、少しばかり英語を理解する妻と仲良く暮らしていました。そこには同居の老母がいたのですが、夫婦は何事も老母に相談しないばかりか何も知らせもせずに、あたかも老母がそこにいないかのように扱っていました。ある時、嫁が家の道具を片付けて持ち出すので、老母がこれを見て嫁に尋ねると、「今日、引越をします」と言うので、老母はとても驚きました。この老母はまだ、心身ともに健康でよく話すこともできるのですが、夫婦は常に老母をうるさく思い、朝夕、すべての会話を英語で行っていたので、引越のその朝になるまで何もその母の耳には入らず、いつの間にか荷物と一緒に新居に移動することとなってしまったということです。

息子の不敬、[*1] 乱暴、無法は言うまでもないことですが、嫁の道理に外れた行いもまた憎むべきものです。こういうネグレクトは、無教育な暗黒の社会であれば、まだ許されることかもしれませんが、いやしくも上流の貴女紳士がこのような奇怪なことをするとはただ驚くばかりです。私が思うに、この「英語夫妻」は、引越のことを老人に語るのも無益で、老人の意見に左右されるようなことでもないので、夫妻であれこれと話し合って勝手に決めたのでしょうが、これこそ、いわゆる、「老人の食事の世話はできてもその情を大切にする方法を知らぬ者」です。不敬というレベルではなく、常識のない愚か者と言うべきです。人としての道を知らない人非人と言うべきです。女子が注意して心に銘じなければならないところです。

＊1　礼儀に外れていること。

十六．婦人外出のススメ。だけど子育てには責任を持って

子どもの養育は婦人特有の仕事なので、たとえ身分の高い人でも自然の道理に従って自ら母乳を与えるべきです。仮に、自分自身の病気や衛生上の問題で乳母を雇うことがあっても、朝夕、子どもに気配りをすることは決して怠ってはなりません。そして、授乳の時期を過ぎた後も、子どもの食事や衣服に心を配り、些細なことまで見逃さないことが婦人の天職なのです。その代理人はいないのです。

食事や衣服のことは形があるものなので、誰の手によって与えられても同じことなのですが、これを与えている間の母の徳による無形の影響力は、形あるものの百倍も千倍もあるのだということを忘れてはなりません。蚕（かいこ）を飼う場合でも、家人が自ら養う場合と雇い人に任せてしまうのとではその成育に違いがあると言います。ましてや自分の産んだ子どもにおいては当然のことで、人任せにしてはならないことは明白です。世間の婦人の中にはこの道理を知らずに、多くの子どもを持ちながら、

着物のほころびを縫ったり食事の世話をするのは面倒と、これを下女に任せ、自分は友人と付き合ったり、物見遊山ばかりしてのんきに日々を過ごしている者がいますが、気がしれません。

もともと、婦人の息抜きは決して咎められるものではありません。うさ晴らしや健康を保つために、花見もよいし湯治[*1]にも賛成です。あるいは、集会や宴席の付き合いもプラスになるものですが、その外出の時、使用人に子どもを預けっ放しにして、新生児を無理に牛乳で育てることがあると言いますが、それでは、あたかも雇い人に任せた蚕のようなものです。その成育の具合はわかりきったことでしょう。

昔、大名や身分の高い家の子どもに心身が虚弱な者が多かったのも、貴婦人が子どもを産むことは知っていても、子どもを育てる方法を忘れていたためです。これは、きちんと考えるべき問題ですね。私は、婦人が外出しないように説くのではなく、むしろ、それを薦めて活発に出かけることを願う者ですが、子どもを養育するという天職を忘れて浮かれて遊んでいることは決して許しません。この点については西洋流の交際にも感服できないことがとても多いですね。

また、婦人は、その役割として、家にいて家事を担当するので、病気について多少の心得がなくてはなりません。家人の病気に対して素人療法で対処するのはもってのほかで、固く禁じるところですが、急病やケガの時、医者が来るまでの間、パニックになってしまって、素人の工夫でかえって病人のためにならないことをしてしまう例が多いので用心しましょう。

例えば、子どもの腹痛の時に妙薬黒焼(みょうやくくろやき)[*2]などという、薬剤学上、訳のわからないものを服用させてはなりません。緊急事態であれば、医者が来るまでの間、腰から下を温めたり、湿布をしたり、便秘の時は浣腸を試す等、外用の手当は用心しながら施してもいいのですが、内服薬は一切与えずに医者の来診を待つべきです。あるいは高所から落下して気絶した者の場合は酒か焼酎を飲ませ、また切り傷であれば取りあえず消毒綿で縛っておくくらいにして、その他の余計な工夫は無用なのです。ある人がカミソリの傷に民間療法の袂草(たもとぐさ)[*3]を試して止血したまでは良かったのですが、反対にその袂草の毒のせいで大病を発症したこともあります。これは無学の罪です。くれぐれも心得ておくべきですね。これらのことについては、原書も翻訳書もあり、これを読むのは大した苦労ではないので、婦人が読むことはむしろ良いことです。

＊1　長期間、温泉宿に逗留して療養すること。
＊2　中国から伝来した民間薬。薬効はあいまいな物が多かった。
＊3　袂の底に溜まる塵。俗に血止めに用いた。

十七．目下の者との接し方に品格が表れる

使用人を使うことはずいぶん骨の折れることです。使われる方は体力を使い、使う方は気を遣い、むしろ主人の方こそかえって苦労が多いものです。使用人にもいろいろな人物がいて、時にはとても忠実な者もいますが、これは特別のことです。

本来、彼らは財産もなく教育もないという理由で人の家に雇われているのですから、主人たる者は、その人物の如何にかかわらず、よく教育して馴れてもらい、ただひたすら親切にそれぞれの家事に当たらせなければなりません。

自分の思う通りにはならないものと最初から覚悟して、多くを望んではいけません。これも不行届き、あれも失敗などと、いちいち数えて無駄に心配して苦労してもいけません。それは益がないことであり、怒ってしまうのは愚かなことです。現在の使用人を良くないと思うのであれば、過ぎ去った数年のことを思い起こし、その間にどんな使用人が最上で、自分の意に適っていたか、その者は誰であったかと指を折って数えてみれば、それぞれ一長一短で、十分意に適った者は極めて少ないはずです。過去がこのようであれば、現在も同じで、将来もまたこのようなものであると諦めなければなりません。使用人の過ちや失策を叱るのは、叱られる者より叱る者の方が見苦しいのです。主人が慎むべきところです。

十八．女子にも経済の思想が必要

婦人は家を治めて家内の経済を預かります。ですが、支出のことばかりで収入のことを知らないのではとても不安です。夫とて不死身ではありません。寿命という意味では、夫こそ先に世を去る順番ですから、万一、早く夫に死に別れて、たくさんの子どもや家事のすべてを婦人の一手に引き受けるような不幸もありえます。その時になって、亡き人が存命中、戸外で何を経営して誰とどのような関係があったのか、金銭上の貸借はどうなっているのか、その約束はどうなっているのか、といった事実の詳細を知らず、帳簿を見てもよくわからず、そのためにいろいろな行き違いを生じて、はなはだしい場合は、訴訟になってしまうことさえ世間では珍しくありません。これは、婦人が家計の対外的な面に注意を怠った落ち度です。

外での仕事はすべて男子の責任とは言え、夫婦は同居しているのですから、その仕事の大体のところについては婦人も心得て、時世の変化に注意することが大切です。私が言う「女子にも経済の思想が必要」とはこういった意味なのです。

十九．女子だからこそ恥じらいを持って。気品を高めて

女子がいかに教育され、いかに本を読み、いかに博学多才であっても、気品が高くなく、軽々しく、下品な行動をとるのであれば、淑女[*1]の本領は消滅したようなものです。私が、ここで、下品な行動と書いたのは、必ずしも実際に犯した罪だけではなく、常日頃の言行が下品で、礼儀上、避けるべきことを知らず、談笑の間にも言ってはならない言葉を漏らし、当人以上に聞く者を赤面させるような言動すべてのことを指しています。これはいやしいことです。

例えば、芸者という身分の低い女性が衣装を着飾って酔っ払いの隣でなれなれしくして、歌い踊るその中で、深く考えもせずに言いたい放題、誰にも遠慮しない様

は、活発で無邪気であり、事実、無邪気で罪のない者もいますが、これは「その場の売春婦」と言わざるを得ません。

芸者は別にしても、上流階級においても知らずに失敗する者もいます。近来の教育の進歩に従って言葉の数も増して、昔は学者の社会に限って用いられていた漢語が、今は、世間の普通の言葉となったものが多くあります。その中で、私が耳障りに感じる言葉は「子宮」の文字です。従前、婦人病といえば、ぼんやりと「血の道」[*2]とのみ言って、事の詳細は医者の言葉を聞くだけで、素人の間では言う人も聞く人もなかったのに、近年は、日常会話の中に公然と「子宮」という言葉を使って遠慮することがなく、市販薬の看板にその文字を見るだけでなく、ひどい場合には婦人がその言葉を口にするというような奇妙な話も時としてあるようです。ただ驚いてしまいます。

そもそも「子宮」という語は英語の「Uterus：ユーテルス」から直訳した言葉であり、西洋諸国では医師の世界に限ってこの言葉を用いており、診察や治療の必要がある場合に内々に患者やその家族にこの言葉を使うのみです。医療に関する大事な相談の他に、西洋人の口から「ユーテルス」の言葉は決して聞かれません。まして婦人の口から聞く言葉ではありません。命にかけても発言するべき言葉ではないのです。しかし、日本人はこの言葉を口にしても平気だと言います。当人が知らないこととは言え恥ずかしいことですね。なお、この他にも今の世間に見苦しい、聞き苦しいことはたくさんあります。結局、これは婦人の罪であるというのではなく、社会の先輩である学者や教育者の不親切と政府関係者の無学や不注意に由来しているのです。

＊1　しとやかで上品な女性。品格の高い女性。レディー。

＊2　生理時や更年期障害に見られる女性特有の症状。

二十．今、空虚な文学よりも実学を学ぶべき時

教育の進歩とともに、婦人がその身にあるまじきことを喋ったり、奇怪千万な言葉を用いても平気なのは、自分の考えが浅はかであることを知らない罪であり、同情するべきです。その原因はいろいろありますが、幼い時からの教育の方針を誤って、自分を尊重し、品性を高く保つという道徳や万物の自然の法則を無視して、フワフワと空虚な文学ばかりを学んでいることが、その災いの源となっている可能性が大です。

例えば、女生徒が、少し字を覚え、また洋書なども理解できるようになると、いわゆる和歌や国文学、そして小説や通俗文学ばかりを読むようになります。文を学ぶには小説も有益ですが、若い時代には他に勉強すべきものが多いのです。和歌は得意だが自分自身の独立の意義については夢にも考えたことがなく、数百冊の小説本を読みながら一冊の生理学の本も読んだことのない女史が多くいます。加えて、

通俗小説は往々にして気持ちを動揺させることが多く、若くて活力盛んな微妙な年頃の女子には有害であることが多いので、文学の学習の必要からこれを読む必要があるのならば、その種類を厳選することが大切なこととなります。[*1]

＊1　ほぼ同趣旨のことは『学問のすゝめ　初編』にもあります。該当箇所を抜粋して現代語訳します。

学問とは、ただ難しい字を知って、難しい古文を読んで、和歌を楽しみ、詩を作るなど、世間での生活の上で役に立たない文芸などのことを言うのではありません。このような文学も人の心をよろこばせ、大変良いものではありますが、昔から世間の儒学者や国学者が唱えていることは、それほどまでに尊ぶ必要はありません。昔から、漢学者には一家を構えて生計を立てることが上手な人は少ない。和歌をうまく詠むことができて商売が上手な町人も少ないのです。このため、思慮・分別のある町人や農民は、自分の子どもが学問に精を出すのを見て、やがて財産を持ち崩すのではないかと、心配します。これは無理のないことです。結局このような学問は実際に役に立たないもので、日々の生活の用に足らないのです。

そうすると今、このような実際に役に立たない学問は後回しにして、もっぱら励む必要があるのは、日々、役に立つような「実学」です。たとえば「いろは四七文字」を習い、手紙の書き方、帳簿の付け方、そろばんの練習、はかりの取扱い等を身につけることです。また、さらに進んで学ぶべきことはたくさんあります。地理学は日本国中はもちろん、世界各国の土地の気候・水質・地質・地形についての案内です。物理学や化学などの自然科学は、天地万物の性質を観察し、その働きを知る学問です。歴史とは年代記のくわしいもので、世界の古代から現代までのあり様を詳しく調べあげて記述したものです。経済学は個人や一家の家計から、社会全体の物やお金の動きを説くものです。修身学は個人の行いのあり方を修め、社会のなかでの人々との交際や、世間を渡る道理を述べたものです。

二十一・下品な人とは付き合わないことが肝要

婦人の気品を維持することはとても大切なので、他者と比較するのではなく自分自身に自信を持つことが大切です。今も昔も、汚れた社会には芸者もいれば妾もいます。中には、妾から成り上がったり、芸者から出世して立派に一家の夫人となっている者もいますが、これらはすべて見苦しい人たちなので、淑女や貴婦人と仲間になるべきではありません。

また、この人たちはとても見苦しい人たちではありますが、これを上から目線で見るのは婦人のすることではありません。私は清らか、あなたは濁っている、私は高貴であり、あなたは卑しい、という顔をして、あからさまにこの人たちを傷つけるようなことは、自身の品格を落とす益のない振る舞いなので深く慎むべきです。交際の都合上、どうしてもこれらの人と同席する場合は、礼儀を乱さず温かい顔をもって接し、バカにしないのと同時に、秘かにその無教養、破廉恥（はれんち）[*1]を憐れむことが思いやりの道です。要は彼女らの内情には立ち入らず、事情の許す限り近づけないようにすることが肝要なのです。

＊1　恥を恥とも思わず平気でいること。

二十二．男子の浮気は決して許されない。放置するのは妻の罪

夫婦が同居して、妻が夫に誠を尽くすことは言うまでもないことです。両者は一心同体であり、苦楽を共にするとの契約は命を賭けても破るべきではありません。しかし、元来、両者の立場を言えば、家庭を維持していくことに内と外との違いはあるものの、お互いに上下関係がある訳ではなく、一切、すべてのことが対等であるとの考えを持ち、自分の節を曲げてはならず、また他人に節を曲げられてもいけ

ません。それは結婚の契約から発生した各自の権利があるためです。

婦人が貴ぶ従順な心は、もとより女性の本来の性質であり、男子とは大いに異なっていなければなりません。これは私があくまで勧告、推奨していることなのですが、従順は女性の徳の根本であり唯一の本領であると言えますが、その従順とは言動や挙動の従順のことで、卑屈に盲従（もうじゅう）[*1]するという意味では決してないのです。重大な局面においては父母の命令を拒んだり夫のやり方と争うこともあるべきです。例えば、家計のために娘を遊女にしたり、利益のために相手を選ばずに結婚させるようなことは、すべて父母の利益を求める心から、子どもを思うままに操ることなので、たとえ、親子の間でも、断然、その命令を拒絶しても構わないのです。

親子の間でこのようであれば、夫婦の間もまた同じです。夫が仕事に失敗して貧乏に沈むようなことは、夫婦もろともの不幸であり、お互いに一点の苦情もあってはなりません。いい時もあれば悪い時もあるので、共に苦楽を味わうべきですが、夫の品行が悪く、妾を囲ったり遊女を買ったりして、獣のような振る舞いでやりたい放題で、家のことを気に掛けないのであれば、対等の関係にある配偶者を侮辱し、虐待するという罪なので、断じて許してはなりません。婦人は死力を尽くして争うべきです。世間ではこれを婦人の嫉妬だという者もいるでしょうが、そんな下らない評論はバカバカしい限りです。男子の獣のような行いを放置することは、男子その者の罪に留まらず、一家の不和や没落となり、兄弟姉妹がお互いに心に隔たりを作り、その夫が死んだ後には、子孫にもその病質を残して身体を虚弱にしてしまうだけでなく、不道徳の悪い習慣もまた遺伝して、家中が仲良くする幸福は望めなくなります。

ひどい場合には、肉親が争い、親戚が陰謀を行い、家名の相続や財産の分配等に議論が噴出する、いわゆるお家騒動の大波乱となり、人に笑われる例もあります。その不和、争い、乱れを解決する者は、その時の未亡人すなわち今の夫人です。禍（わざわい）の原因がその男の悪い行いにあることは明白なのに、家の中を治める立場として夫の悪い行いを制止できなかった妻は、自分の権利を放棄して、妻の座を意味のないものにしてしまったと言われても、弁解の余地はないのです。嫉妬との俗評を恐れて遠慮することは、婦人一生の恥というべきでしょう。

＊1　自分で判断をせず、相手の言うがままに従うこと。

二十三．女子の再婚は世界の趨勢

老後まで一緒に住むことは夫婦の約束ですが、いかんせん、人の寿命は天が決めることで、仲のいい夫婦でも夫が早く世を去り、老後を共に過ごせないことがあります。このような不幸に際して、後に残った婦人の年齢が四〇歳、五〇歳に達していて、子どもの数も多い場合は、再婚せずに家にいるべきですが、四〇歳にもならない時は一人暮らしはよくありません。私はそのような場合は再婚するべきと主張しているのですが、日本社会の風潮はとても冷淡で、学者の間でも再婚に賛成する者が少ないばかりか、一人暮らしを守ることをあたかも婦人の美徳とて「貞操（ていそう）＊1の妻は再婚しない」などと根拠のない愚かな説を繰り広げ、かえって再婚を妨げる風潮があるのは遺憾なことです。

古人の言う「二夫に見えず」の意味は、夫がいる婦人が同時に他の男子と接することを意味しているのです。すなわち、婦人が男子が遊郭[*2]にて遊ぶような不品行を戒めたものです。人間の生死は絶対の天命で人の力の及ぶところではありません。昨日まで親しかった人が今日死ぬこともあります。亡くなってしまった人のことはいないものと諦めて、生きている人はこれからも生きる工夫をしなければなりません。

生きている人に仕えるつもりで亡き人に仕えたい、というのは人情ではありますが、人情だけで人は生きていける訳ではありません。例えば、死者にお供えを捧げるのは生きている人の情ですが、その気持ちがいかに細やかであっても、亡き人が飲食することは決してありません。ですから、生きている人が死者に情を尽くすことは言うまでもないことですが、死者はすでに違う世界に住んでいるのですから、古いことを懐かしく思う人情でその人と接するべきでしょう。ですから心を切り替えて、いろいろなことを忘れて、古い話を棄て新しいことに臨むのは人間としての大きな自由であるはずで、これが私があくまで再婚を薦める理由なのです。

特に、男女の再婚は世界中で普通のことなのに、日本だけがこれを男子のみに自由にさせて女子には困難にしています。これでは男女が対等であるという正当な力関係にも影響を及ぼしてしまいます。これもまた私が見逃すことができないところなのです。

＊1　男女が互いに異性関係の純潔を守ること。多くは女性の男性に対する純潔をいう。

＊2　女性が自分の性を売って生計を立てる街。

「女大学」を撃破する

以上、第一条から第二十三条までは概して我が国古来の定論に反しています。それだけではなく、私は、以前には、旧「女大学」の各条文を論破して「女大学評論」を著し、さらに、今「新女大学」の新主義を唱えています。新旧の「女大学」はお互いに相容れないので、世間に多少の反対論も出るでしょう。旧「女大学」では両性の関係を形式で律しようとしていましたが、私は、人間の自然なあり方に従ってその関係を完成させようとしています。儒教流の先輩たちの百年、千年来の考えでは、習慣に従って女性を「第二番目の性」として男尊女卑の悪い習慣に甘んじていたので、文明の新説を聞いてもすっきりと理解できないのも仕方ないところですが、今の新日本国には、新しい考えの人がおり、私はこの新しい考えの人とともに事に当たっていこうとする者なので、彼らの反対は恐れるに足らないものです。

ただ、そういった老人だけでなく、有形であっても無形であってもすべてのことに文明主義のみを貫くと公言して、また実際にそれを実行している有能な人の中にも、男女関係だけは、旧儒教流の悪い習慣を利用して、自らの不倫の罪を免れようとする者がいるのはおかしなことです。文明の賢い学者であっても、頭の古い儒学者の袖の下に隠れ、儒教の説に保護されて、それで文明社会をあざむこうとするのです。その苦境はただ憐れむに値します。

また、この頭の古い儒学の説によって保護された人たちが、苦し紛れに説を作って反対論を展開することもあるかもしれませんが、はなはだ妙なことです。私は日本国中の人を相手にしても、自分の文章でこれを追及し、決して許しません。この「女大学評論」と「新女大学」は、すべてこれ、日本の婦人のためのものであり、彼女らを百年、千年来の憂鬱から救い、自信を持たせ、社会の平等の上に立たせようとするのが、私の気持ちなのです。

これは、ただ女性の利益のみでなく、男子の生活も正しくして、家を隆盛にして、子孫を繁栄させ、害をなくしてたくさんの福を求める方法なので、女子が幼少の頃からこの概略を言い聞かせ、文字を知るようになれば、この書を与えて読ませ、わからないところがあれば丁寧にその意味を解き聞かせて、誤解のないようにしなければなりません。

子どもを愛する気持ちは深く広い

昔も今も父母の愛情は同一のものです。その子が男子であるか女子であるかにかかわらず、兄、弟、姉、妹であるかを問わず、これを愛する情は正しく同一のものであり少しの差もありません。ですから、愛する肉親である子どもの行く末を考えて、兄弟姉妹の中で、誰が幸せになっているか誰が不幸せになっているか、と胸中で考え、この子が不幸せである、と知った時の両親の苦痛はとても大きいものがあります。

子どもの心身が弱かったり、手足や耳や目が不自由なことは言うまでもなく、一本の歯、一点のあざにも心を悩まして、一日中、少しも忘れることができないものです。俗に言う、「出来の悪い子ほど可愛く、障がいがある子ほど憐れである」とは、親の心を正しく映したもので、その心は、すなわち、子どもたちが平等に幸福であることを願う心なのです。故に、その子の男女の別や年齢に関係なく、同等にこれを愛し、不公平がない、ということは、父母の本心であり、正真正銘の親心です。だから、女子の行く末に不安な心があるかないかと問われれば、大きな不安があると言わざるを得ないのです。

女子の安定のためには教育が最重要

娘を人の家に嫁にやれば、義理の両親の機嫌が心配であり、義理の姉妹や親類との付き合いも面倒だろうと思うし、幸いにこれらが上手くいっていても、肝心の夫こそ心配だらけの相手です。その性質が妻に正しく接して優しければ幸運ですが、世間ではよくある獣のような男子で、妻を無視して、飲酒や女遊びばかりして、ついには公然と妾を家の中に入れ、妻と妾が同居するような狂乱の振る舞いがあったら、どうすればいいのでしょう。今までの世の中のやり方に従えば、ただ黙ってその狂乱を我慢するか、そうでなければ、身を引いて離縁するほかに手段はありません。娘の嫁入りはあたかも宝くじを買うようなものなのです。当たるも当たらないも運を天に任せるしかない。いや、夫の心次第では、天国も地獄もあるわけで、苦楽、喜憂があたかも男子の手中にあるおもちゃといってもよいでしょう。こうまで不安な女子の身の上について、父母たるものがその行く末を案じて、娘が安泰であるような方法を考えるのは、自然の真心ではないでしょうか。すなわち、これが女子のために文明教育が大切な理由なのです。

博学の大学者でなくてもいいので、人間社会の出来事に通じて、まず自分が何者であるかを知り、その男子の軽重を測ることができ、男女平等、その間に軽重がないという原則を明らかにして、自分を大切にして動揺しない見識を与えることは、子を愛する父母の義務なのです。

女子に財産を与えることによって自由を獲得させる

また旧「女大学」の末文に、「嫁入りに際して大金を持たせるよりもその十分の一の金で子どもを教育すべきである」とあるのは敬服の至りですが、私は一歩進めて、娘の結婚には衣装その他の支度のほかに相当額の財産を持たせることを勧めます。お金がない家はともかく、資力がある家は、娘を手放して人の嫁にする場合、万一の場合に、他人に迷惑をかけずに自立できるだけの財産を与えて、生涯の安心を与えることが父母の果たすべき役割です。

昔の教えに「婦人の三従」という言葉があります。幼くしては父母に従い、嫁に行った後は夫に従い、老いたら子に従う、というものです。道徳上のことのみから言えば正しいことかもしれませんが、世の中の荒波を渡っていこうとするのであれば、人間社会の浮き沈みは常ではないので、「夫に従い子に従う」というその従順な姿勢は、屈伏(くっぷく)[*1]、盲従の姿勢へと変化してしまい、お金がないことによって婦人が苦しむ例があるのです。主人が、貪欲、不人情で「竈(かまど)[*2]の下の灰まで俺の物だ[*3]」と絶叫するような傍若無人(ぼうじゃくぶじん)[*4]な様では、いかに従順な婦人であっても、途方に暮れてしまいます。この時、婦人に資力があれば、それは自分を強くしてくれるものであり、徐々に対策を立てることを容易にします。たとえ、こうまで極端でない場合でも、婦人に自力自立の覚悟があれば、夫に求めることも少なく、求めてももらえない場合の不平もなく、つまらないことを書いて卑しいようですが、夫に金銭を求めないということは両者の間の意見の衝突を少なくすることになります。

古い言葉に「衣食足りて礼節を知る」[*5] とあります。婦人に資力がないのは衣食が足らないようなものなのです。父母が娘に財産を分与するのは、愛する娘の衣食を豊かにして、夫婦の礼節を教える道であると心得てください。ただし、婦人に財産を与えても自分でこれを有効に使う方法を知らなければ、多額の金があってもないようなものです。お金があるのであれば、その安全を図り、その用法を工夫して、世間の事情を察して人の言うことをよく聞き、みだりに疑わずにみだりに信じないようにしましょう。つまり、これは自分一人の責任であると自覚することが肝要で、財産管理をすることは簡単なことではありません。西洋諸国の良家の女子はこの辺の事情についてしっかりした者が多いといいます。簡単に見過ごしてはならないことです。

*1　相手の権力や力などに負けて服従すること。

＊2　食料品などを加熱調理する際に火を囲うための調理設備。
＊3　家の中のすべての財産は自分の物であり婦人に属するものは何もない、との意味。
＊4　人前をはばからず勝手に振る舞うこと。他人を無視した勝手で無遠慮な言動。
＊5　人は、衣服や食糧といった生きるために必要なものが十分にあるようになって初めて、礼儀や節度といった、社会の秩序を保つための作法・行動を期待することができるようになる。

おわりに

私が福澤諭吉に対して強い興味を持ったのは大学を卒業してから二十年も経った四十代半ばでした。慶應義塾高校、慶應義塾大学で学んだにもかかわらず、在学中は先生の魅力に気付かない出来の悪い学生でありました。しかも高校三年次の担任は佐志傳先生（慶應義塾福澤研究センター所員）、大学時代の担任は福澤進太郎先生（福澤諭吉の孫、レーサー福澤幸雄氏の父）と、先生について学ぶには最高の環境であったにもかかわらず無為な時間を過ごしておりました。

ある年、大学時代の友人と先生の誕生地や適塾を訪れました。その時、先生の足跡を「自分の足」で歩いてみよう思い立ちました。それから、築地鉄砲洲から横浜、中津から長崎、長崎から小倉（台風により途中リタイア）等々、実際に歩いてきました。時を同じくして、先生の著作を真剣に読むようになりました。特に私の仕事に関連する女性に関する問題の著作にはとても興味を惹かれ、読み進む内に、これらの著作は今の若い世代の女性にこそ読んでもらいたいと考えるようになりました。そこで今回、先生の女性に関する問題の著作の集大成ともいうべき、「女大学評論」と「新女大学」の二作品の現代語訳を試みたという次第です。

これらの作品は先生の最晩年に書かれたものであり、他の著作より平易な言葉で書かれています。それでも若い世代には難解に感じるかもしれないと考え、思い切り易しい言葉で書くよう努力しました。私自身、内容を理解していたつもりでも、易しい文章に直そうとする過程で何度も障壁にぶつかりましたが、そのたびに名古屋市立大学名誉教授の福吉勝男先生のご指導を受けて最後までやり通すことができました。福吉先生には感謝の言葉しかありません。また慶應義塾大学出版会の及川健治さんにも何度も励ましの言葉をいただきました。心から感謝いたします。

最後に、このような楽しい研究に取り組むきっかけをいただいた福澤諭吉先生に御礼の言葉を申し述べます。

令和二年十月

加藤紳一郎

福澤諭吉（ふくざわ・ゆきち）

明治を代表する啓蒙思想家。大坂（大阪）、適塾にて緒方洪庵に蘭学を学んだ後、江戸にて中津藩中屋敷内に蘭学塾を開く（後の慶應義塾）。幕末、3度の渡米・渡欧を通して各国を視察し、『西洋事情』（1866～70）を著し先進的な欧米文明を紹介。『学問のすゝめ』（1872）、『文明論之概略』（1875）等の著作で、日本の近代化に大きな影響を与える。生涯を通じて女性の地位向上にも関心を寄せ、『女大学評論・新女大学』（1899）を代表とする女性論で女性の独立を訴えた。

〈訳者〉
加藤紳一郎（かとう・しんいちろう）
1955年生まれ。慶應義塾大学法学部法律学科卒業。名古屋文化学園保育専門学校専任講師、同校学生課長を経て1993年から同校校長、2000年から学校法人名古屋文化学園理事長。一貫して幼児教育の振興を目指す。公益社団法人愛知県私立幼稚園連盟常任理事、公益社団法人名古屋市私立幼稚園協会常任理事、全日本私立幼稚園連合会評議員、一般社団法人愛知県現任保育士研修運営協議会副会長、全国幼稚園教員養成機関連合会副会長等を歴任。福澤諭吉協会会員。

現代語訳　女大学評論 新女大学

2020年11月15日　初版第1刷発行
2023年 1 月30日　初版第2刷発行

著　者――――福澤諭吉
訳　者――――加藤紳一郎
発　行――――学校法人 名古屋文化学園
〒461-0011　愛知県名古屋市東区白壁1-54
TEL　052-962-9111
FAX　052-962-9264
制作・発売所――慶應義塾大学出版会株式会社
〒108-8346　東京都港区三田2-19-30
TEL〔編集部〕03-3451-0931
〔営業部〕03-3451-3584〈ご注文〉
〃　03-3451-6926
装　丁――――鈴木　衛
印刷・製本―――萩原印刷株式会社
カバー印刷―――株式会社太平印刷社

Printed in Japan　ISBN978-4-7664-2710-3